# Maximilian Freiherr v. Rennenberg

# Neuromarketing in der digitalen Kommunikation

## Potenziale und Herausforderungen für Unternehmen

**Bibliografische Information der Deutschen Nationalbibliothek:**

Die Deutsche Nationalbibliothek verzeichnet diese Publikation in der Deutschen Nationalbibliografie; detaillierte bibliografische Daten sind im Internet über http://dnb.d-nb.de abrufbar.

**Impressum:**

Copyright © Studylab 2018

Ein Imprint der Open Publishing GmbH

Druck und Bindung: Books on Demand GmbH, Norderstedt, Germany

Coverbild: Open Publishing GmbH | Freepik.com | Flaticon.com | ei8htz

# Inhaltsverzeichnis

## Zusammenfassung / Abstract

Diese Bachelorarbeit befasst sich mit der Frage inwiefern Neuromarketing zum Erfolg eines Unternehmens in der absatzorientierten digitalen Kommunikation beitragen kann. Um ein Grundverständnis der thematischen Richtung der Arbeit zu erlangen, werden im ersten Teil dieser Arbeit einige definitorische Grundlagen an Hand von Modellen erläutert. Anschließend werden Chancen und Herausforderung für Unternehmen, welche sich durch die Nutzung von Neuromarketing ergeben können, hinsichtlich der Anwendung in der digitalen Kommunikation diskutiert. Im Rahmen des vorgegebenen Umfangs wird letztendlich innerhalb des Fazits sowohl ein Überblick über die Ergebnisse der Arbeit, als auch ein Ausblick über die zukünftigen Entwicklungschancen für das digitale Marketing und die Marktforschung gegeben.

* * *

The bachelor's thesis at hand addresses the question how the implementation of neuromarketing could improve the success in digital communication of a company. Chances and challenges which arise from the application of neuromarketing in digital communication, will be discussed. Furthermore, there is an explanation of the basics of neuromarketing, the origin of neuromarketing, practical examples from companies which already use neuromarketing knowledge and approaches how to successfully implement it in digital marketing strategies. Within the prescribed format an overview of the topic is given and the current as well as the future impact on marketing in general is outlined.

## Abkürzungsverzeichnis

| | |
|---|---|
| S-O-R | Stimulus-Organismus-Response |
| fMRI | functional magnetic resonance imaging |
| Abb. | Abbildung |
| PET | Positronen-Emissions-Tomographie |
| MRT | Magnetresonanztomographie |
| ebd. | ebenda |
| fMRT | Funktionelle Magnetresonanztomographie |
| z.B. | zum Beispiel |
| Vgl. | vergleich |

# Abbildungsverzeichnis

# 1 Einleitung

Als Ausgangspunkt dieser wissenschaftlichen Arbeit werden die fortschreitende Digitalisierung und die damit verbundene Veränderung der Kommunikation für Unternehmen beleuchtet. Die daraus resultierende ökonomische Notwendigkeit der Integration von neurowissenschaftlichen Erkenntnissen in die Online-Marketing-Disziplin dient als Ausgangspunkt und Themenrechtfertigung dieser Arbeit.

Das Zitat „Konventionelles Marketing stößt an seine Grenzen. Die Austauschbarkeit der Produkte und Dienstleistungen, der steigende Preisdruck und sinkende Kundenloyalität im digitalen Zeitalter stellen die Marketing- und Vertriebsexperten vor große Herausforderungen"[1] fasst die aktuelle Problematik sehr gut zusammen. Der in der heutigen Welt lebende Konsument wird mit Reizüberflutungen aus der Werbebranche geplagt. Man spricht von einem Verdruss der Information von bis zu 98%, wodurch Unternehmen und Marketingverantwortliche gezwungen sind Werbung mit einer höheren Relevanz für die jeweilige Zielgruppe zu schalten.[2]

Die Digitalisierung ist ein Megatrend. Unternehmen sowie Marketing- und Vertriebsverantwortliche stehen vor einer großen Herausforderung. Konsumenten haben Ihr Einkaufs- und Informationsaufnahmeverhalten von Grund auf verändert.[3] Ein ständiger Zugriff zum Internet, auf internationale Plattformen wie zum Beispiel Facebook und Twitter oder Messenger wie WhatsApp, ermöglichen dem Konsumenten einen Vergleich des internationalen Wettbewerbs, als auch Zugang zu einem Überfluss an Informationen.[4]

Die digitale Customer Journey bietet Werbetreibenden vielerlei Touchpoints mit Konsumenten zu kommunizieren und zu interagieren, wodurch sich viele Möglichkeiten ergeben die Konsumenten gezielt anzusprechen.

Neuromarketing soll in diesem Dilemma Abhilfe schaffen, indem es Unternehmen dabei hilft den Organismus Mensch im Kaufprozess besser zu verstehen und Werbung individueller und relevanter zu gestalten. Es soll helfen die Möglichkeiten richtig zu nutzen, um einen maximalen Nutzen der vorgenommenen Maßnahmen zu sichern. Herkömmliche Marktforschungs- und Kommunikationsmethoden

---

[1] Eigner, A. [2013], o. S.

[2] Vgl. Kilian, Karsten [2018], o. S.

[3] Vgl. Weindl, D. [2016], o. S.

[4] ebd.

alleine bewähren sich nicht mehr und Neuromarketing scheint als recht „neue" Disziplin vielversprechend für eine Weiterentwicklung des digitalen Marketings.[5]

Im Rahmen der vorliegenden Arbeit soll Neuromarketing hinsichtlich verschiedener Faktoren analysiert werden. Neben Grundlagen, die für das Neuromarketing relevant sind liegt das Hauptaugenmerk auf einem Mehrwert, welchen Neuromarketing der digitalen Kommunikation bringen soll. Es wird ein Modell vorgestellt, welches einen plausiblen und möglichen Ansatz zur Analyse des menschlichen Kaufverhaltens bietet. In diesem Zusammenhang besteht die Annahme, dass der Mensch nicht wie stets angenommen als rational handelndes Wesen agiert, sondern sich in Entscheidungs- und Kaufsituationen häufig emotional und affektiv verhält.[6] Es stellt sich in diesem Kontext die Frage, ob die Erkenntnisse des Neuromarketings bisher etablierte Marketing- und Marktforschungsmethoden derart weiterentwickeln können, dass sich in Zukunft zugunsten von Unternehmen und Konsumenten etwas ändert. Ist es mit dem Einsatz von Neuromarketing möglich einerseits unternehmensseitige Interessen zu erfüllen und andererseits Vorteile für den Konsumenten zu schaffen? Kann der digitale Kommunikationsverdruss von bis zu 98% mithilfe der Anwendung Neurowissenschaftlicher Erkenntnisse verringert werden? Wie kann es für Unternehmen möglich werden sich Erkenntnisse des Neuromarketings zu Nutze zu machen?

Ziel dieser Arbeit ist es, diese Fragen mit Hilfe der folgenden Kapitel umfassend und kritisch zu beleuchten. Zu Beginn wird Neuromarketing definiert, als auch die Entwicklung dessen beschrieben. Für die Begriffsdefinition werden verschiedene bestehende Definitionen verschiedenster Experten aufgeführt. Im Anschluss wird die Problematik und der Ansatz des Neuromarketings in der digitalen Kommunikation mithilfe des S-O-R Paradigmas deutlich gemacht. Darüber hinaus werden relevante neuroanatomische Grundlagen beschrieben, welche für das Neuromarketing eine große Bedeutung haben. In diesem Zusammenhang werden für die digitale Kommunikation praxisrelevante bildgebende Verfahren vorgestellt, welche die Messbarkeit des menschlichen Konsumverhaltens aufzeigen können. Im darauf folgenden Kapitel wird sich der Entwicklung der digitalen Kommunikation in Bezug auf die voranschreitende Digitalisierung angenommen. Zudem wird die Notwendigkeit unternehmensseitiger Verwendung des Neuromarketings in der

---

[5] Vgl. Scheier, C./Held, D. [2012] s.17 ff.
[6] Vgl. Kenning, P. [2014] S.16.

digitalen Kommunikation verdeutlicht. Als nächstes wird die Methodik des „Think limbic" Ansatzes, welcher von Hans-Georg Häusel entwickelt wurde, vorgestellt. Dieser wird umfassend beschrieben und dessen Bestandteile, sowie Anwendungsmöglichkeiten erläutert. Mit Herrn Häusel, einer der führenden deutschen Experten im Bereich Neuromarketing wurde im Rahmen dieser Arbeit ein 30-minütiges Interview zum Thema „Neuromarketing in der digitale Kommunikation" durchgeführt, welches im Anhang zu finden sein wird.

Im nächsten Kapitel wird sich kritisch mit den Chancen und Herausforderungen des Neuromarketings auseinandergesetzt. Meinungen verschiedenster Fachleute werden aufgeführt, um die verschiedenen teils paradoxen Meinungen zu dieser Thematik zu beleuchten. Zuletzt wird ein Fazit gezogen, als auch ein Zukunftsausblick für das Neuromarketing prognostiziert.

# 2 Definitionen und Einordnungen

Für das Verständnis dieser Arbeit bedarf es grundlegenden Wissens, welches in diesem Kapitel vermittelt wird. Zuerst wird der Begriff Neuromarketing definiert und eingeordnet. Daraufhin wird die Entwicklung des Neuromarketings in Bezug auf den Wandel der Kommunikation beschrieben. Anschließend wird das menschliche Gehirn und die Grundlagen des limbischen Systems in Ihren Funktionen und für das Neuromarketing wichtigsten Bestandteilen erklärt, was zum Verständnis der verschiedenen Messmethoden sowie der „Think limbic" Theorie dient.

## 2.1 Definitorische Grundlagen und Entwicklung des Neuromarketings

In diesem Abschnitt wird die die Begriffsdefinition und Entwicklung des Neuromarketings beschrieben. Es wird ein Modell aufgeführt, welches den Ansatzpunkt des Neuromarketings aufzeigt und die Notwendigkeit sich neurowissenschaftlicher Erkenntnisse anzunehmen verdeutlicht.

### 2.1.1 Begriffsdefinition Neuromarketing

Hans-Georg Häusel versteht unter Neuromarketing „[...] die Nutzung von apparativen Methoden (fMRI, EEG, etc.) und der Erkenntnisse der Hirnforschung für Marketingzwecke".[7] Dabei spielen seiner Ansicht nach insbesondere die Erkenntnisse aus der Hirnforschung eine große Rolle für die Marketing-Praxis. Hierzu zählt er Erkenntnisse wie eine multisensuale Ansprache, als auch die Vormacht von Emotionen als Entscheider oder Aufmerksamkeitsprozesse. Er beschreibt Neuromarketing außerdem in einem engeren und einem weiteren Kontext. Im engeren Sinn handelt es sich um den Einsatz apparativer Verfahren der Hirnforschung zu Marktforschungszwecken. Im weiteren Sinn werden auch Erkenntnisse der Hirnforschung, wie die neurowissenschaftliche Bewusstseins-, Emotionsforschung oder auch multisensorische Verarbeitungsprozesse des Gehirns sowie deren Anwendung in der Marketingpraxis in die Definition des Neuromarketings mit einbezogen.[8] Zum besseren anwendungsorientierten Verständnis der neurowissenschaftlichen Erkenntnisse wird laut Scheier und Held Wissen aus bestehenden Disziplinen, wie dem Marketing, der Psychophysik, der künstlichen Intelligenz, der

---

[7] Häusel, Hans-Georg [2011] o. S.
[8] Vgl. Häusel [2012], 12 ff.

Marktforschung, der Entwicklungspsychologie oder den Kulturwissenschaften hinzugezogen.[9]

„Neuromarketing is the application of neuroscience to marketing. Neuromarketing includes the direct use of brain imaging, scanning, or other brain activity measurement technology to measure a subject's response to specific products, packaging, advertising, or other marketing elements. In some cases, the brain responses measured by these techniques may not be consciously perceived by the subject; hence, this data may be more revealing than self-reporting on surveys, in focus groups, etc."[10], definiert Roger Dooley die interdisziplinäre Wissenschaft des Neuromarketings.

Kenning beschreibt Neuromarketing in der Forschung als Kombination aus Neurowissenschaften, Ökonomik und Psychologie. Die Erkenntnisse der Neuroforschung werden dabei auf relevante wirtschaftswissenschaftliche Unterpunkte aufgeteilt.[11] Peter Kenning selbst verwendet anstelle des Begriffs Neuromarketing den Ausdruck „Consumer Neuroscience". Er möchte damit geschäftliche Orientierung des Forschungszweiges unterstreichen und die mögliche falsche Definition des Neuromarketings als marktorientierte Führung von Neuronen vermeiden.[12]

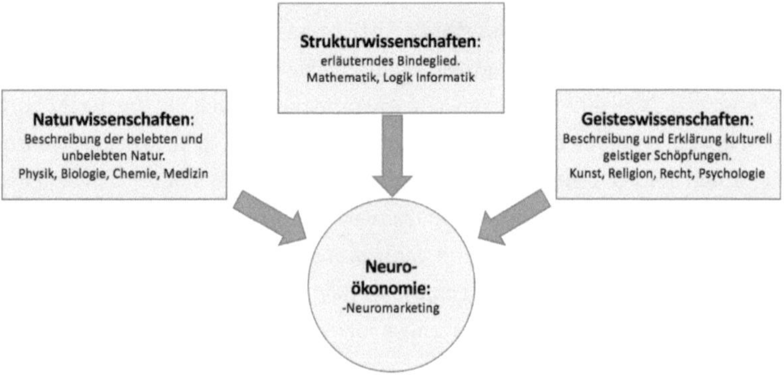


Abbildung 1: Einordnung des Neuromarketings als interdisziplinäre Wissenschaft (Quelle: Eigene Darstellung)

---

[9] Vgl. Scheier/Held 2012, 25 ff.
[10] Dooley, Roger [2006], o. S.
[11] Vgl. Kenning [2014], S.11.
[12] Vgl. Kenning [2014], S.22.

Abbildung 1 soll verdeutlichen, an welchen Wissenschaften sich das Neuromarketing bedient. Ebenso stellt Sie die für das Neuromarketing relevantesten Disziplinen der verschiedenen Disziplinen dar. Die verschiedensten Ansätze und Methoden sorgen für den interdisziplinären Charakter und erweitern die Möglichkeiten des Neuromarketings für die digitale Kommunikation.

Eine exakte Definition des Neuromarketings ist aufgrund der von verschiedenen führenden Wissenschaftlern aufgestellten Ansätze nicht möglich. Eine übergeordnete Beschreibung des Forschungszweiges Neuromarketing liegt demnach nicht vor. Alle diese Beschreibungen sind sich dennoch einig, dass Neuromarketing als Teildisziplin verschiedener Wissenschaften hervor gegangen ist und das ein Zusammenhang zwischen neurowissenschaftlichen Erkenntnissen und der Möglichkeit Marketing und Werbung zu optimieren besteht.

### 2.1.2 Entwicklung des Neuromarketings

Grundlage für die Entstehung des Neuromarketings sind die Fortschritte der bildgebenden Verfahren der Neurowissenschaft. Bildgebende Verfahren des Gehirns, wie die der Magnetresonanztomographie gibt es seit dem Jahre 1980.[13]

Von der tatsächlichen Geburtsstunde spricht man jedoch erst später im Jahre 2002. Erste wirtschaftliche und aus Sicht der Werbung vielversprechende Studien, wie die Pepsi- und Cola-Studie von McClure et al. aus dem Jahr 2002 haben zu einem Durchbruch im Rahmen des Neuromarketings geführt und einen regelrechten Hype um das Thema ausgelöst. In diesem Jahr haben Hirnforscher aus Amerika einen Versuch durchgeführt, welcher den Einfluss von Marken auf das Gehirn erstmals nachgewiesen hat.[14] Mithilfe des Hirnscanners „functional Magnetic Resonance Imaging" (fMRI) war es den Forschern möglich geworden, die im Gehirn ablaufenden Prozesse bei der Verköstigung von Lebensmittelprodukte darzustellen.[15] Der Versuch lief in zwei Durchläufen ab, wobei den Probanden im ersten Durchlauf ohne Nennung der Marke jeweils ein Getränk der Marke Pepsi und eins der Marke Cola serviert wurde. Beide Getränke regten in diesem Durchlauf, nahezu gleiche Bereiche des menschlichen Gehirns an.[16] Im zweiten Durchlauf wurden den

---

[13] Vgl. Löhrke [2005], o. S.

[14] Vgl. Haufe Verlag [2018], o. S.

[15] Vgl. Häusel [2007], S.7 ff.

[16] ebd.

Probanden wieder dieselben Getränke serviert, jedoch mit Nennung der Marke. Die Marke Coca-Cola aktivierte in diesem Zusammenhang zusätzliche Bereiche des Gehirns, den Hippocampus und weitere Areale des limbischen Systems.[17] Die Publikation dieses Ergebnisses wurde in Amerika zu einem Skandal, wodurch die Hirnforschung zu Marketingzwecken viel Aufmerksamkeit erlangte.[18] DaimlerChrysler war das erste deutsche Unternehmen, welches sich Hirnscanner-Untersuchungen bediente. Sie verglichen die unterschiedlichen Aktivitäten im Gehirn bei Darstellung verschiedener Modellklassen, wodurch hervorging, dass der Fahrzeugtyp Sportwagen das Gehirn aus Neuromarketingsicht am meisten stimuliert.[19] Einige Namenhafte Hirnforscher nahmen sich nun weltweit der Thematik an und verfassten Bücher, welche für die breite Masse verständlich die Hirnforschung zu Marketingzwecken erläuterte.[20] Als der Begriff „Neuromarketing" 2001 noch keinen Treffer bei einer Google Suchanfrage ergab, so sind es heute mehr als 4 Millionen.[21]

Klassische Marktforschungsmethoden stießen in diesen Zeiten zunehmend an ihre Grenzen, wodurch sich jährliche Ausgaben von über 20 Milliarden Euro für intensive Marktforschung entstanden. Diese enormen Kosten standen dennoch 80 Prozent gescheiterten Produktneueinführungen gegenüber.[22] Dadurch erhofften sich Unternehmen von Neuromarketing neue Strategien, um den Verbraucher gezielter anzusprechen zu können und einen „buy button" im Kopf der Konsumenten zu finden.[23]

Mit der zunehmenden Erkenntnis, dass ein solcher „buy button" nicht existiert, flachte das Thema Neuromarketing durch Nichterfüllung der ursprünglichen hohen Erwartungen vorerst ab.[24]

Heute bietet die fortwährende Digitalisierung vielerlei neue und verschiedene Kommunikationsmöglichkeiten. Durch die enorme quantitative Zunahme an Kommunikationsmöglichkeiten wird jedoch häufig die Kommunikationsqualität

---

[17] ebd.

[18] ebd. S.8 ff.

[19] ebd. S.9 ff.

[20] ebd.

[21] Vgl. Google Suchanfrage „Neuromarketing" [2018], o. S.

[22] Vgl. Raab/Gernsheimer/Schindler [2009], S.14.

[23] Vgl. Häusel, Hans-Georg [2007], S.8.

[24] Vgl. Stelzer [2010], o. S.

vernachlässigt. Die unternehmensseitige Problematik der Reizüberflutung von Konsumenten stellt für Marketingverantwortliche ein großes Problem dar.[25] Junge Studien besagen, dass Unternehmen mit Hilfe von Neuromarketing ihre Marketingmaßnahmen besonders in der digitalen Welt weiterentwickeln und Kundenbedürfnisse effizienter ansprechen können.[26]

Es gibt verschiedenste Marketing-Theorien, die sich mit der Wirkung von Medien auseinandersetzen und versuchen diese beschreiben. Zu einen der ersten Theorien gehörte das Stimulus-Response-Modell, welches auch als „Black-Box-Modell" bezeichnet wird. Den Namen „Black-Box-Modell" hat es erhalten, da davon ausgegangen wurde, dass im Konsument ablaufenden Vorgänge nicht durchschaubar sind. Dieses Modell befasst sich also ausschließlich mit beobachtbaren Reizen (S) und daraus resultierenden beobachtbaren Reaktionen (R).[27] Anhand dieses Modells ist es nicht möglich Aussagen über das Verhalten und den Entscheidungsprozess des Konsumenten an sich zu treffen.[28] Aus diesem Grund entwickelten Wissenschaftler[29] das S-R Modell zu dem Stimulus-Organismus-Response- Modell weiter, welches bis heute für das Neuromarketing von Relevanz ist da viele Theorien auf dieses Modell zurückzuführen und anzuwenden sind.[30] Das S-O-R-Modell ergänzt das S-R-Modell um den Parameter des Organismus. Für die bessere Verständlichkeit des Modells zeigt Abbildung 2 das Stimulus-Organismus-Response Modell in seinen Bestandteilen, als auch eine Erweiterung um den Ansatz des Neuromarketings.

Das S-O-R Paradigma verdeutlicht in dieser Arbeit die Problematik des heutigen Marketings als auch des Konsumentenseitigen Entscheidungsprozesses. Stimuli stellen beim S-R-Modell, als auch beim S-O-R-Modell den Input von Werbung sowie anderen absatzorientierten Marketingmaßnahmen (Produkt, Preis, Kommunikation, Distribution) oder politische, ökonomische, technologische, soziale Einflussfaktoren dar. Diese sind direkt beobachtbar und haben die Absicht Konsumenten zu einem Kauf zu bewegen. Ziel des Stimulus ist es, den Response zum Beispiel bei der Markenwahl, der Kaufmenge und dem Ausgabenbetrag zu beeinflussen (siehe Abb. 2).

---

[25] Vgl. Interview mit Häusel [2018], o. S.
[26] Vgl. Reimann et. Al [2011], o. S.
[27] Vgl.  Pesch [2010], S.66.
[28] Vgl. Weis [2012], S.76.
[29] Vgl. Repetico [2017], o. S.
[30] Vgl. Eigner, A [2013], o. S.

Das S-O-R-Modell untersucht, im Gegensatz zum S-R-Modell, auch die nicht beobachtbaren Prozesse im Inneren (=Organismus) des Konsumenten. Der Organismus unterteilt sich in diesem Modell in aktivierende Prozesse (Aktivierung, Emotionen, Motivationen), kognitive Prozesse (Wahrnehmung, Lernen, Gedächtnis) und Einstellungen die von Prädisponierenden Prozessen beeinflusst werden (Involvement, Bezugsgruppen, Kultur). Das Messproblem des Organismus ist zugleich der Ansatz des Neuromarketings (siehe Abb.2), welches anhand verschiedener methodischer Verfahren die nicht beobachtbaren Prozesse erklären und verstehen will. Zur Beobachtung von Prozessen im Organismus Mensch, haben sich einige Verfahren als erfolgreich bewiesen, welche im Verlauf des nächsten Kapitels vorgestellt werden.

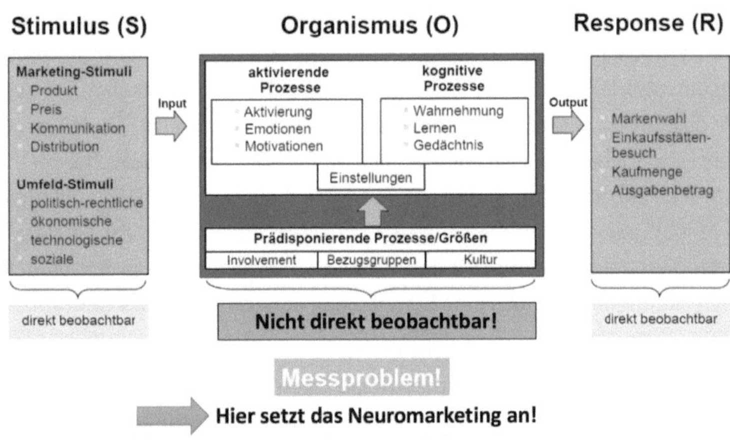


Abbildung 2: Bestandteile des Stimulus-Organismus-Response-Modell
(Eigene Darstellung in Anlehnung an Euricore)

## 2.2 Neuroanatomische Grundlagen

Im Rahmen dieses Kapitels soll ein grundlegendes Wissen über das menschliche Gehirn, das limbische System und bildgebende Verfahren aus der Neuromarketingpraxis verschafft werden.

## 2.2.1 Aufbau und Funktion des menschlichen Gehirns

Neurale Vorgänge im menschlichen Gehirn bilden die Grundlage für die Erkenntnisse des Neuromarketings. Daher gilt es zunächst im Sinne der strukturellen Neuroanatomie den Aufbau des Gehirns in grundlegenden und für das Neuromarketing relevanten Zügen zu beschreiben.

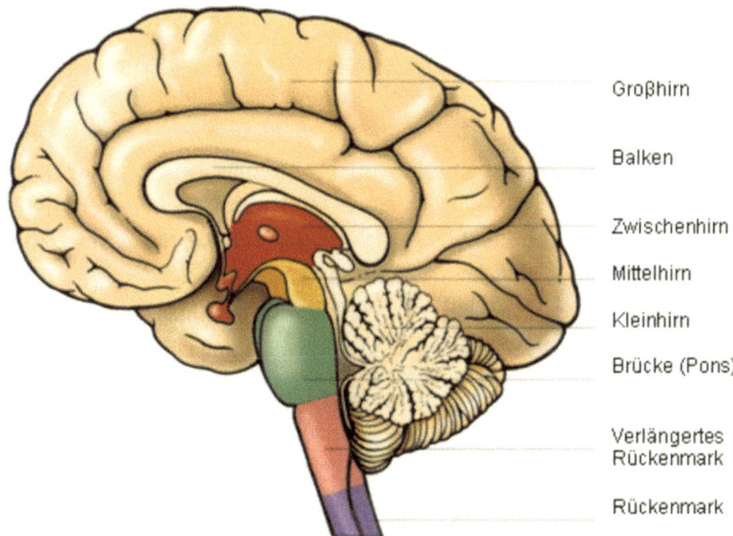


Abbildung 3: Vereinfachter Aufbau des Gehirns
(Quelle: Das menschliche Gehirn, Joel M.)

Das menschliche Hirn (in Abb.3 vereinfacht dargestellt), in der Fachsprache bekannt unter *Cerebrum* wiegt im Durchschnitt 1400 Gramm. Diese verhältnismäßig geringe Masse steuert nahezu alle überlebenswichtigen Funktionen und ermöglicht dem Menschen zum Beispiel Denken, Atmen oder emotionales Erleben.[31] In seiner Struktur ist es grob in vier übergeordnete Teilbereiche unterteilt. Diese sind das Großhirn, Kleinhirn, das Zwischenhirn und der Hirnstamm. Gehirn und Rückenmark bilden zusammen das zentrale Nervensystem des Menschen.[32] Neben

---

[31] Vgl. Onmeda [2014], o. S.
[32] Vgl. Lernpsychologie [o. J.] o. S.

dem zentralen Nervensystem besteht das periphere Nervensystem, welches für die Übertragung von visuellen und auditiven Reizen in das Gehirn zuständig ist.[33]

Das Großhirn, im fachsprachlichen Umgang bekannt unter *Telencephalon* ist der größte und am weitesten entwickelte Teil des menschlichen Gehirns.[34] Dieser Teil beherbergt circa 19 bis 23 Milliarden Nervenzellen, welche teils für motorische, sensorische und gedankliche „Felder" zuständig sind.[35] Das Kleinhirn (*Cerebellum*) befindet sich unterhalb des *Telecenphalon* und ist besonders an den Prozessen Gleichgewicht, Bewegung und Koordination beteiligt. Aufgrund dessen ist es besonders bei Lernprozessen mit motorischen Reaktionen beteiligt.[36] Zwischenhirn oder auch *Diencephalon* genannt, liegt zwischen dem Großhirn und dem Hirnstamm. Es besteht aus dem Thalamus, Hypothalamus, Subthalamus, Metathalamus und *Epithalamus*. Das Zwischenhirn ist für die Verarbeitung von Gefühlen wie Trauer oder Freude zuständig.[37] Es wird oft als „Tor zum Bewusstsein" bezeichnet, da in den Bereich des Thalamus eintreffende Informationen des Körpers und der Sinnesorgane gefiltert und daraufhin erst an das Großhirn weitergeleitet werden. Somit kann eine Überlastung des Gehirns vermieden werden.[38]

Die Schnittstelle vom Gehirn zum menschlichen Körper bildet der Hirnstamm (*Truncus cerebri*). Dieser, an der Basis des Gehirns lokalisierte Teil unterteilt sich in Mittelhirn, Brücke, Nachhirn und verlängertes Rückenmark.[39] Das Nachhirn steuert Lebenswichtige Funktionen, wie Herzschlag, Atmung und Stoffwechsel als auch Reflexe wie Erbrechen und Husten.[40]

Das Gehirn lässt sich zum Beispiel mithilfe bildgebender Verfahren, wie zum Beispiel Positronen-Emissions-Tomographie (PET) oder der funktionellen Magnetresonanztomographie (MRT), auf verschiedene Vorgänge und Aktivitäten

---

[33] ebd.

[34] Vgl. Onmeda [2014], o. S.

[35] ebd.

[36] Vgl. Lernpsychologie [o. J.] o. S.

[37] Vgl. Onmeda [2014], o. S.

[38] ebd.

[39] Vgl. Lernpsychologie [o. J.] o. S.

[40] Vgl. Onmeda [2014], o. S.

untersuchen. Gehirnströme können über Elektroden, welche am Kopf eines Probanden befestigt werden, in Form eines Elektroenzephalogramm (EEG) ableiten.[41]

### 2.2.2 Das limbische System

Im Gehirn bildet das limbische System die emotionale Schaltzentrale, in der Konsumbedürfnisse und Kaufwünsche entstehen.[42] Aufgrund der Relevanz für das Neuromarketing stellt das limbische System in diesem Zusammenhang einen wichtigen Untersuchungsgegenstand dar. Das limbische System besteht aus einer eng vernetzten Gruppe von Hirnarealen, die in verschiedenen Bereichen des Großhirns, als auch des Hirnstamms aktiv sind.[43] Grundsätzlich befasst es sich mit der Verarbeitung von Emotionen und Trieben, als auch mit der Erkennung und Verarbeitung von Reizen und Erinnerungen.[44]

Die Verarbeitung von Emotionen geschieht völlig automatisch wobei, gleichzeitig noch eine Bewertung des Reizes vorgenommen wird. In Abhängigkeit der Bewertung, reagiert das limbische System entsprechend, wobei der Gedanke, welcher in diesem Moment erzeugt wird direkt an den Hirnstamm weitergeleitet wird. Je nach Art des Gedanken reagiert der menschliche Körper nun mit einer bestimmten Handlung. All dies passiert im Unterbewusstsein des Menschen und läuft binnen tausendstel Sekunden ab.[45] Um die Beschreibung des limbischen Systems zu vereinfachen, soll Abbildung 4 dem Leser eine Übersicht über die Bestandteile dessen verschaffen.

Wie in Abbildung 4 gut zu erkennen, unterteilt sich das limbische System in 5 übergeordnete Bestandteile. Diese 5 Bestandteile des limbischen Systems stellen eine Art Kreislauf dar, indem sich die unterschiedlichen Bereiche gegenseitig beeinflussen und die Informationen der vorgelagerten Stelle weiter verarbeitet werden. Der Thalamus stellt hierbei den Eingang für Reize dar. Über das Sehen, Riechen, Schmecken, Hören und Tasten nimmt der Mensch Reize auf, welche im Thalamus, dem „Tor des Bewusstseins" gefiltert und daraufhin in andere Bereiche des limbischen Systems weitergeleitet werden (siehe Abb. 4).

---

[41] ebd.

[42] Vgl. Neuronation o.J. o. S.

[43] Vgl. Krämer [2010], o. S.

[44] Vgl. Nonnenmacher [2016], o. S.

[45] Vgl. Krämer [2010], o. S.

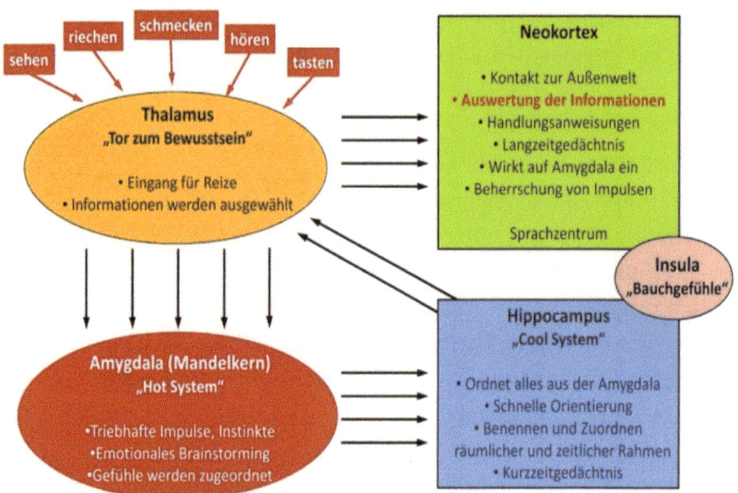


Abbildung 4: Die wichtigsten Bestandteile des limbisches Systems
(Quelle: Euricore)

Die Amygdala, auch Mandelkern genannt, wird oft auch als „Hot System" bezeichnet. Dieses „Hot System" erhält ausgewählte Reize des Thalamus und verarbeitet
triebhafte Impulse und Instinkte wie Angst oder Aggression.[46] Dort findet zudem
eine Art des emotionalen Brainstormings statt, worauf hin die verschiedenen Reize
Gefühlen zugeordnet werden können. Die Gefühle werden nun zum Hippocampus,
dem „Cool System" weitergeleitet, wo Sie geordnet werden. Der Hippocampus ist
für die Erzeugung, die Archivierung und dem Abruf von Gedächtnisinhalten zuständig.[47] Die aus dem Hippocampus erhaltenen Informationen werden nun wieder zu-
rück in den Thalamus geleitet. Von dort aus geht es mit den Informationen weiter
zum Neokortex, welcher für den Kontakt zur Außenwelt zuständig ist (siehe
Abb.4). Dort findet letztendlich die Auswertung der Informationen statt und die
daraus resultierende Handlungsweise. In diesem Prozess wird nun entschieden, ob
eine Information oder ein Reiz als angenehm oder unangenehm wahrgenommen
wird.[48] Daraufhin werden dort als angenehm empfundene Informationen im Lang-
zeitgedächtnis gespeichert, was sich auf die Amygdala dahingehend auswirkt, dass
gewisse bekannte Reize schneller verarbeitet werden können. Der Neokortex ist

---

[46] Vgl. Osterath [2011], o. S.
[47] Vgl. Posttraumatische Belastungsstörung [2018], o. S.
[48] Vgl. Eigner [2013], o. S.

beherrscht von Impulsen und bildet das Sprachzentrum des Menschen. Zwischen Hippocampus und Neokortex liegt der 5. Bestandteil des limbischen Systems, die Insula. Diese ist für Entscheidungen zuständig, welche aus dem „Bauchgefühl" heraus getroffen werden.

Neben den vereinfachten Grundlagen des menschlichen Emotionsorganismus, werden im weiteren Verlauf dieser Arbeit die wichtigsten Funktionen und Zusammenhänge der drei verschiedenen großen Emotionssysteme von „Think Limbic" erläutert.[49]

### 2.2.3 Bildgebende Verfahren der Neuromarketingpraxis

In diesem Kapitel werden praxisrelevante bildgebende Verfahren beschrieben, die im Neuromarketing Anwendung finden. Anhand von den verschiedenen technischen Methoden, lässt sich die emotionale Aktivität eines menschlichen Gehirns darstellen und analysieren. Einige dieser Methoden, wie zum Beispiel die Funktionelle Magnetresonanztomografie (fMRT), beziehen sich auf Grundlagenforschung des Gehirns wodurch sie sich schlecht in direkten Zusammenhang mit der digitalen Kommunikation setzen lassen.[50] Daher beschränkt sich diese Arbeit auf die Beschreibung von Verfahren, welche aktuell in Zusammenhang von Neuromarketing in der digitalen Kommunikation angewandt werden können.[51] Dabei soll nicht vermittelt werden was genau im menschlichen Gehirn abläuft und welches Areal wie aktiv ist, sondern vielmehr sollen Möglichkeiten aufgezeigt werden, wie Reize festgestellt und interpretiert werden können. Oftmals wird eine Kombination verschiedener Verfahren gewählt, um umfangreiche Auswertungsmöglichkeiten zu erhalten. Generell ist zu beachten, dass jedes Verfahren erst dann wertvolle Informationen liefern kann, wenn ein geschultes Personal die Messungen durchführt und ebenso an der Auswertung beteiligt wird. Die Kosten der verschiedenen Methoden hängen jeweils vom Umfang der Studien und Art der Verfahren ab.[52]

---

[49] Vgl. Häusel [2014], S.58 ff.
[50] Vgl. Pispers, R./Dabrowski, J. [2012], S.70 ff.
[51] Vgl. Interview Häusel [2018], o. S.
[52] Vgl. ThinkNeuro [2011], o. S.

### 2.2.3.1 Elektroenzephalografie (EEG)

Die Elektroenzephalografie (EEG) ist eine Methode zu Messung der elektrischen Aktivität eines Gehirns. Im Neuromarketing werden oberflächlich am Kopf eines Probanden Elektroden angebracht, welche durch die Schädeldecke Spannungen an der Hirnoberfläche messen können.[53] Mit Hilfe eines Elektroenzephalogramms lassen sich Schwankungen und Aktivität unter Einfluss bestimmter Reize, wie zum Beispiel dem erstmaligen Betrachten einer Website graphisch darstellen. Abbildung 5 zeigt, wie Elektroden beispielsweise am Kopf befestigt werden, und wie ein dazugehöriges Diagramm aussehen könnte. Durch eine Millisekunden schnelle Aufzeichnung, lässt sich eine Reihenfolge der auftretenden Gehirnaktivitäten feststellen. Somit kann das EEG feststellen, wie stark zum Beispiel bestimmte Reize ausgehend von einer Website sind, und wie Veränderungen dieser auf das menschliche Gehirn wirken. Nachteil des EEG ist, dass trotz Anlegen von über 100 Elektroden, eine Lokalisation von Aktivität im Gehirn noch sehr ungenau ist.

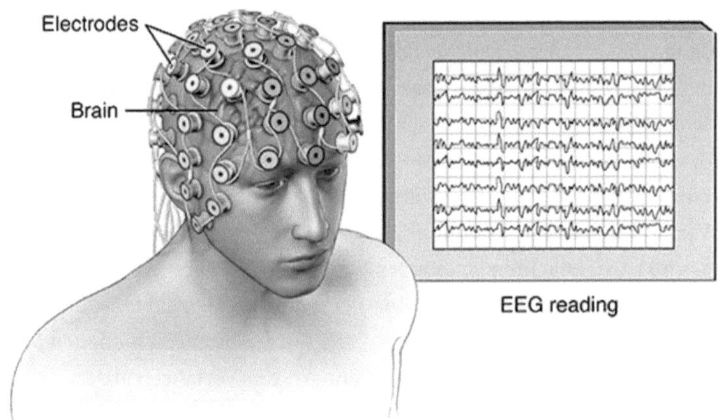


Abbildung 5: Eine beispielhafte Darstellung, wie EEG eingesetzt werden kann (Quelle: Michigan Advanced Neurology Center)

---

[53] Vgl. Häusel [2012], S.71ff.

Abschließend beschreibt Dr. Matthias Rothensee das Verfahren von EEG in der digitalen Kommunikation sehr gut: „Die EEG-Messung wird auch im Bereich E-Commerce Anwendung finden, da die kognitive Beanspruchung damit sehr genau erfasst werden kann. Im Angesicht der Flut der Informationen, die uns über das Internet tagtäglich übermittelt werden, wird die Informationssparsamkeit einer Website durchaus zum Gradmesser ihrer Qualität. Ein Registrierungsprozess auf einer Website, der zu lang ist um komplizierte Wordings verwendet, wird vom Nutzer schnell als frustrierend erlebt. Diese Prozesse kann das EEG erfassen, ohne dass sie der Nutzer äußern muss, obendrein ist das Verfahren vergleichsweise einfach und ökonomisch. Daher wird das EEG in Zukunft regen Einsatz in Usability-Studien im Bereich E-Commerce finden. Das gilt insbesondere für den Bereich mobiles Internet (M-Commerce)."[54]

### 2.2.3.2 Facial Coding

Facial Coding ist eine Methodik, die sich mit der Interpretation von Gesichtsausdrücken befasst. Exakter formuliert ist es ein Kodierungsverfahren, das Mimik und Emotion eines Menschen erkennen und deuten kann. In der digitalen Kommunikation wird diese Methode oftmals bei der Analyse einer Website eingesetzt. Dadurch wird es möglich, die Haltung gegenüber einer Website durch das Blick- und Ausdrucksverhalten zu analysieren und zu interpretieren.[55]

Der menschliche Gesichtsausdruck ist die wichtigste Form der non-verbalen Kommunikation, wobei sich häufig viele Menschen über die Relevanz dieser Form der Kommunikation nicht im Klaren sind. Im Neuromarketing geht es darum, die emotionale Reaktion in Bezug auf zum Beispiel eine Werbeanzeige oder ein Markennamen zu analysieren.[56] Um möglichst genau analysieren zu können, wird jede sichtbare Bewegung des Gesichts zu einer sogenannten „Action Unit" oder auch Bewegungseinheit zusammengefasst. Eine Unit kann dabei aus mehreren Muskelbewegungen bestehen, die alle dieselbe Emotion ausdrücken. Insgesamt gibt es 43 einzigartige Units, wodurch ca. 3000 relevante Kombinationen entstehen können. Eine einzigartige Unit könnte zum Beispiel „Action Unit 09: Rümpfen der Nasenflügel wie beim verächtlichen Blick" sein. Da sich ein Gesichtsausdruck nicht über ein

---

[54] Vgl. Pispers/Dabrowski/Fischer [2018], S.65.

[55] Vgl. Corves, A. [2011], o. S.

[56] Vgl.Mahler [2016], o. S.

Merkmal definiert, werden gleichzeitig weitere Units betrachtet um eine Kombination mehrerer Bestandteile zu erhalten. Der Ablauf dieses Verfahrens verläuft in zwei Stufen. Zuerst werden die mimischen Aktivitäten erfasst und verschiedenen Units zugeordnet. Danach erst werden die identifizierten Bewegungen interpretiert, und mithilfe von Computerprogrammen Emotionen zugeordnet.[57]

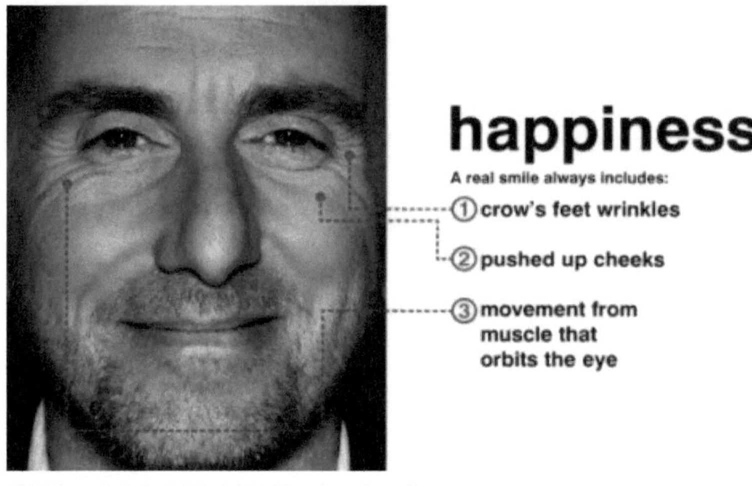


Abbildung 6: Beispiel Facial Coding „happiness"
(Quelle: Security Through Education)

Abbildung 6 zeigt die Gesichtsausdrucksinterpretation eines lächelnden Mannes. Es wird anhand einiger Merkmale, wie das zusammenkneifen der Augen und den hochgezogenen Backen, ein „happiness" Ausdruck festgestellt. Freude gehört wie Trauer,Überraschung, Ekel, Wut, Angst und Verachtung zu den sieben Basis-Emotionen über die Menschen verfügen. Diese haben Ihren Ursprung im unterbewussten Emotionssystem des Gehirns.[58] Aufgrund verschiedener Haltungen gegenüber einer z.B. Website lassen sich Schlüsse auf aktivierte Emotionen ziehen.[59]

Durch die vielseitigen Anwendungsmöglichkeiten ist Facial Coding eine in der Praxis sehr beliebte Methodik, um Erkenntnisse über die Wirkung von verschiedenen Reizen ausgehend von digitalen Kommunikationskanälen zu erlangen.

---

[57] Vgl. ThinkNeuro [2011], o. S.
[58] Vgl.Mahler [2016], o. S.
[59] Vgl. Corver, A. [2011], o. S.

### 2.3.1.3 Eye-Tracking

Eye-Tracking ist eine Methode, welche in verschiedensten Bereichen der Forschung eingesetzt wird. Sie befasst sich mit der Aufzeichnung von Augen- und Blickbewegungen eines Probanden mithilfe technischer Mittel, wie zum Beispiel einer Brille mit integrierten Kameras, welche Bewegungen der Augen verfolgen können.[60] Solche eine Brille könnte wie die in Abbildung 7 dargestellte aussehen. Diese Brillen sind mit speziellen Kameras ausgestattet, welche die Verfolgung des Blickverlaufs dokumentieren können. Die besondere Stärke des Eye-Trackings ist das Testen der Usability von z.B. einer Website. Lässt man einen Probanden eine Bestellung in einem E-Commerce Shop durchführen und zeichnet gleichzeitig den Blickverlauf auf, so lässt sich später analysieren, wie der Proband mit dem Aufbau der Seite zurecht gekommen ist.[61]

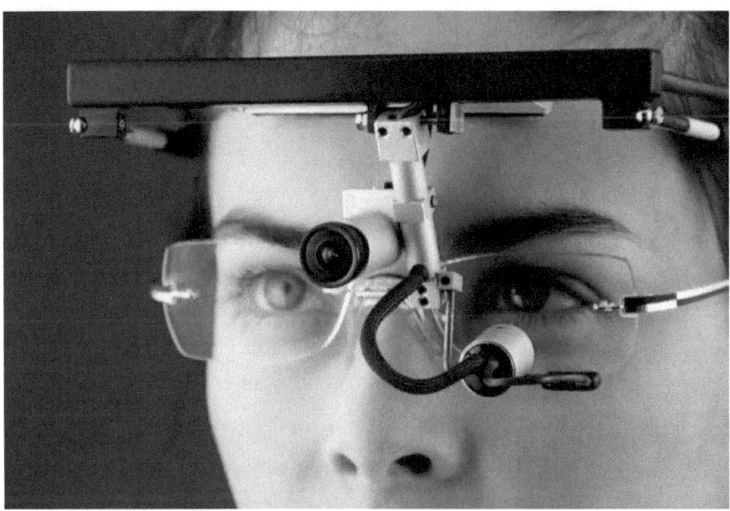

Abbildung 7: Eye-tracking Brille
(Quelle: Trends der Zukunft)

Beim Eye-tracking werden allgemein Zusammenhänge zwischen Augenbewegung und neurologischen Verarbeitungsprozessen dargestellt. Dabei gilt es diese Prozesse im Gehirn aus kognitionspsychologischer Perspektive nachzuvollziehen und

---

[60] Vgl. Häusel [2012], S.79 ff.
[61] Vgl. Usability [2017], o. S.

durch eine geeignete Analyse der Blickbewegungen entsprechende Erkenntnisse zu gewinnen. Der Blickverlauf kann bei der Auswertung mithilfe von sogenannten „Heatmaps" dargestellt werden (sieht Abb. 8).[62]

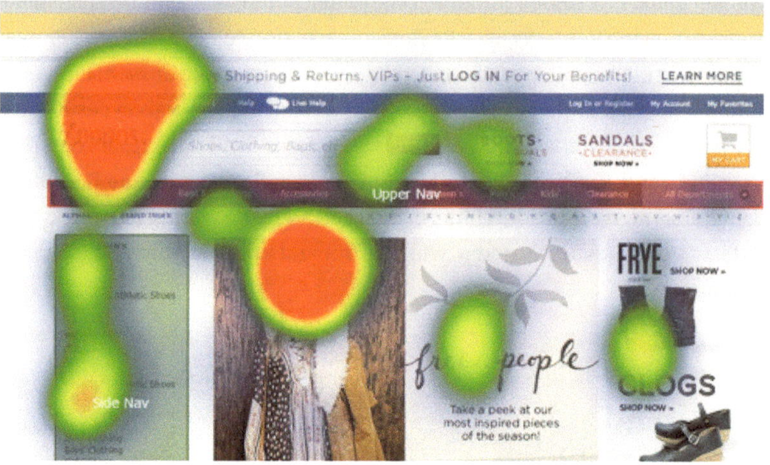


Abbildung 8: Ergebnis eines Eye-tracking Versuches
(Quelle: Measuring U)

Abbildung 8 zeigt, wie ein Ergebnis eines Eye-tracking Versuches aussehen könnte. Die roten Flächen machen deutlich, worauf die Augen des Probanden besonders gerichtet waren. Dies ist besonders stark beim Markennamen „Zappos" und auf dem Gesicht eines dargestellten Modells der Fall. Die grünen und gelben Bereiche sind Bereiche, auf denen das Augenmerk eher weniger lag.

Anhand von Eye-Tracking lässt sich zum Beispiel feststellen, welche Bereiche einer Website besonders wahrgenommen werden und welche übersehen werden. Des Weiteren können Erkenntnisse über den grundsätzlichen Aufbau, die Struktur, als auch das Design erlangt werden.[63]

---

[62] Vgl. Usability [2017], o. S.
[63] ebd.

# 3 Digitale Kommunikation

In diesem Kapitel wird digitale Kommunikation in Zusammenhang mit dem Medium Internet und dessen Bedeutung für den heutigen Konsumenten im Kaufprozess thematisiert. Vorab wird Kommunikation grundlegend definiert um darauf aufbauend die digitale Kommunikation zu erläutern. Darüber hinaus wird ein Zusammenhang zur interdisziplinären Wissenschaft Neuromarketing geschaffen, wobei besonders auf den möglichen Mehrwert des Neuromarketings in der digitalen Kommunikation geachtet wird.

## 3.1 Was ist digitale Kommunikation und wie hat sie sich in den letzten Jahren verändert?

Kommunikation stammt aus dem lateinischen „communicatio" oder auch „communicare", was bedeutet gemeinsam handeln und sich mitteilen.[64] Kommunikation läuft immer in mehreren Phasen ab: „WER sagt WAS zu WEM mit WELCHER Wirkung."[65] Sie befasst sich mit dem Austausch von Botschaften und Informationen zwischen einem Sender und einem Empfänger. Kommunikation unterteilt sich grundsätzlich auf eine verbale und eine non-verbale Ebene.[66] Sprache und Laute bildet die verbale Ebene. Hierbei spielen Inhalte und Informationen, welche der Sender (Kommunikator) dem Empfänger (Kommunikant) vermittelt eine Rolle. Die non-verbale Kommunikation bezieht sich auf die nichtsprachliche Kommunikation. Sie umfasst Gestik, Mimik, Körperhaltung und Gesichtsausdruck eines Individuums. „Man kann nicht nicht kommunizieren", so Watzlawik. Dieses erste der 5 Axiome von Paul Watzlawik nimmt Bezug auf die Komplexität und Paradoxie der Kommunikation. Es besagt, dass jeder Mensch immer mit seiner Umwelt kommuniziert, jedoch meist unbewusst und non-verbal.[67]

Als digitale Kommunikation bezeichnet man Kommunikation von mithilfe von digitalen Medien.[68] Man spricht von Aufhebung der Grenzen zwischen Sender und

---

[64] Grimm/Delfmann [2017], o. S.
[65] Vgl. Sander/von Gross/Hugger [2008] o. S.
[66] Vgl. Digital Sales o.J. o. S.
[67] Vgl. Watzlawik o.J. o. S.
[68] Vgl. Sozialterrorist [2011], o. S.

Empfänger, wodurch eine weitere Verbreitung begünstigt wird. Eine Vielfalt an Kanälen und Arten der Kommunikation macht diese Form beinahe all-umfassend.[69]

Mit der Einführung des Internets im Jahre 1991 begann die größte Veränderung in der Entwicklung der Kommunikation.[70] Im Zuge der Digitalisierung und der damit verbundenen Entwicklung des Internets, ist im Laufe der Zeit eine neue Art der Kommunikation entstanden.[71] Die Welt von heute ist durch das Internet miteinander verbunden, wodurch sich die verschiedensten Kommunikationsmöglichkeiten ergeben. Soziale Netzwerke wie Facebook, Instagram oder Twitter gehören zu den meist besuchten Websites im Internet.[72] „Menschen können sich über Landesgrenzen und über ganze Kontinente und Ozeane hinweg miteinander vernetzen. Networking ist zu einem wesentlichen Bestandteil unseres Lebens geworden: Menschen folgen ihrer Lieblings-Brand über Facebook, teilen ihr Mittagessen bei Instagram, verbinden sich mit den Kollegen bei Xing, folgen ihnen weiter bei Twitter und bloggen bei LinkedIn. Soziale Netzwerke bestimmen alle Facetten unseres Lebens. Kommunikation hat durch Social Media eine neue Dimension bekommen. Für Privatpersonen, aber auch für Unternehmen. Wer nicht mitmacht, droht den Anschluss zu verlieren" so Sherin Ibrahim, Expertin für digitale Strategien in der digitalen Kommunikation.[73] Das Besondere an dieser digitalen Form der Kommunikation ist, dass sie Menschen gleichzeitig voneinander trennt und dennoch nahe zusammen bringt.[74] Einige ursprüngliche Komponente der non-verbalen Kommunikation wie Gestik oder Mimik fallen durch die digitale Kommunikation weitestgehend weg. Man spricht von einer durch Technik und Medien reduzierten Vielfalt der menschlichen Wahrnehmung auf nur noch wenige Sinneskanäle.[75] Durch das Erschließen einer Vielzahl an Kommunikationswegen und der Aufhebung von räumlichen und zeitlichen Grenzen, ist der moderne Mensch kommunikativer als je zuvor. Die heutige Kommunikation findet jedoch zu 57% über das Internet statt, wodurch der zwischenmenschliche Austausch von Mensch zu Mensch deutlich

---


[69] Vgl. OnlinePC [2016], o. S.

[70] Vgl. Fischer [2015], o. S.

[71] Vgl. Schüller o.J. o. S.

[72] Vgl. Fischer [2015], o. S.

[73] Vgl. Imbrahim [2016], o. S.

[74] Grimm/Delfmann [2017], o. S.

[75] Vgl. Kern [2016], o. S.

abgenommen hat.[76] Smartphones sind ebenfalls ein Faktor, welcher zu einer fortwährenden Veränderung des menschlichen Kommunikationsverhaltens geführt haben: „Die smarten Devices sind dabei längst mehr als Telefone: Für die meisten bieten sie Zugang zu Nachrichten, fast 50 Prozent konsumieren mit ihnen über Youtube, Netflix, Zattoo und Co. bewegte Bilder und ca. ein Drittel hört Musik via Streaming oder Online-Radio. Spotify und ähnliche Anbieter sind bei den Jüngeren besonders beliebt. In Verbindung mit Set-Top-Boxen, Audiosystemen und TV-Geräten übernehmen Smartphones verstärkt auch in Haushalten die Aufgabe als Medien- und Unterhaltungsdrehkreuz."[77]

## 3.2 Warum eine Notwendigkeit der unternehmensseitigen Verbesserung von digitaler Kommunikation besteht

Der Konsument ist mittlerweile gegen viele Werbeformate immun. Das nicht wahrnehmen von Werbemaßnahmen wird im heutigen Zeitalter als „Bannerblindheit" bezeichnet.[78] Durch die ständige Präsenz des Smartphones und dem damit verbundenen unbegrenzten Zugang zum Internet, ist der Mensch in seiner Haltung gegenüber digitaler Werbung sehr abgestumpft. „Wir haben so einen enormen sensorisches Reiz-Input, dass unsere Auffassungskapazität das alles gar nicht fassen kann" so Martin Sauerland, Wirtschaftspsychologe der Universität Koblenz.[79] Digitalen Medien sind durch im Prinzip auf die visuelle und auditive Wahrnehmung des Konsumenten beschränkt. Es bedarf neuer Ideen, innovativer Marketingstrategien und dem Verständnis gegenüber Konsumenten um Sie wieder über so viele Sinne und so erfolgreich wie möglich anzusprechen.[80]

Das menschliche Gehirn ist in der Lage den Mensch gegenüber unwichtigen Einflüssen zu desensibilisieren. Durch eine persönliche Art von Auswahl wird die Aufmerksamkeit eines Menschen so verteilt, dass in erster Linie nur Reize wahrgenommen werden, die für die eigenen Ziele relevant sind und sich mit Bedürfnissen decken.[81]

---

[76] Vgl. Fischer [2015], o. S.

[77] Vgl. Scholz [2016], o. S.

[78] Vgl. Schiller [2015], o. S.

[79] Vgl. Schwenkenbecher [2015], o. S.

[80] Vgl. Püschel [2016], o. S.

[81] ebd.

Dem Konsumenten gegenüber stehen Unternehmen, die Ihre Produkte oder Dienstleistungen verkaufen wollen. „Die Hälfte des Geldes, das ich für Werbung ausgebe, ist verloren; das Problem ist, ich weiß nicht, welche Hälfte" so John Wanamaker[82] verdeutlicht die Problematik seitens der Unternehmen. Um dem zu entgehen ist es für Unternehmen von äußerst hoher Relevanz Werbung und weitere Marketingmaßnahmen effizienter zu gestalten und effektiver zu positionieren. Die heutige Werbung muss weitestgehend auf Vorlieben und Charaktereigenschaften eingehen, als auch so individuell wie möglich auf den Konsumentengruppen zugeschnitten werden.[83]

Doch die digitale Unternehmenskommunikation bezieht sich nicht ausschließlich auf rein absatzorientierte Maßnahmen. Digitale Kommunikation findet Onlinebereich zwischen den Dialogpartnern gleichberechtigt statt. Im Internet sind alle gleichzeitig Sender als auch Empfänger.[84] Unternehmen müssen sich nun adäquat, dynamisch und schnell auf die Veränderungen reagieren. Die Digitalisierung bringt eine völlige Neustrukturierung und Umgestaltung bestehender Geschäftsmodelle mit sich, welche in einem fortlaufenden Prozess eines Unternehmens von jedem Mitarbeiter gelebt werden müssen.[85] Digitale Möglichkeiten eröffnen eine völlig neue und erweiterte Dimension im Umgang mit potenziellen Kunden. Dies stellt für viele Unternehmen eine Herausforderung dar, wobei gleichzeitig die Chance geboten wird Kunden zu binden und Sie in Ihren verschiedenen Stadien der Customer Journey zu verfolgen.[86] Kundenorientierung und Kundenzentrierung sind in diesem Zusammenhang Leitbegriffe, da Daten (Wünsche, Bedürfnisse, Merkmale), welches ein Kundenorientiertes Unternehmen erheben kann in Zeiten der fortwährenden Digitalisierung über die Zukunft und Erfolg entscheidet.[87]

Dies bietet den Ansatz des Neuromarketings zu Unternehmensseitigen Verbesserung der digitalen Kommunikation, indem es mit seinen Methoden und Erkenntnissen den Unternehmen hilft, Kunden besser zu verstehen.

---

[82] Vgl. Schwenkenbecher [2015], o. S.
[83] Vgl. Albrecht [2018], o. S.
[84] Vgl. KeenCommunication [2016], o .S.
[85] Vgl. von Kaiz [2018], o. S.
[86] ebd.
[87] ebd.

# 4 Neurowissenschaftliche Erkenntnisse zum Verhalten des Konsumenten in der digitalen Kommunikation

In diesem Kapitel werden Neurowissenschaftliche Erkenntnisse zum Konsumentenverhalten in der digitalen Kommunikation thematisiert. Es wird sich zwei Modellen angenommen, welche das Kaufverhalten von Konsumenten aufgrund von Emotionen und Motiven erklären. Vorerst wird die „Macht des Unbewussten" analysiert woraufhin der „Think limbic" Ansatz von Hans-Georg Häusel mit der digitalen Kommunikation in Verbindung gebracht wird.

## 4.1 Die Macht des Unbewussten

Die fünf menschlichen Sinne (Schmecken, Hören, Fühlen, Sehen, Riechen) versorgen uns pro Sekunde mit 11 Millionen Bits an Informationen wobei gleichzeitig davon nur 40 bis 50 Bits bewusst wahrgenommen werden, was exakt 0,0004 % entspricht.[88]

Menschen denken häufig, dass sie in Ihrem Kaufverhalten rationalen Gründen und Motiven folgen. Neuromarketing gepaart mit der modernen Gehirnforschung liefert nun die Erkenntnis, dass dem in den meisten Fällen nicht so ist.[89] „Das, was das Konsumenten „Ich" handelnd und denkend als freie und bewusste Entscheidung erlebt, ist oft nichts weiter als eine „Benutzer-Illusion" so Hans-Georg Häusel, führender Wissenschaftler im Bereich Neuromarketing.[90] Vielmehr wird heute von einem „Autopilot" ausgegangen, der als treibende Kraft für eine Kaufentscheidung unbewusst agiert und damit anders als bisher angenommen den Menschen nicht unbedingt rational handeln lässt.

Abbildung 9 soll den Unterschied zwischen dem Verhalten des Piloten und des Autopiloten deutlich machen und deren aufzeigen. Die Codes nehmen in diesem Schemata die Rolle der Reize (Sprache, Geschichten, Sensorik, Symbole) ein, die ein Konsument beim Durchstöbern eines Onlineshops wahrnimmt.

---

[88] Vgl. Raab/Gernsheimer/Schindler [2009], S. 211.
[89] Vgl. Häusel [2007], S.62 ff.
[90] Vgl. Häusel [2007], S.63.

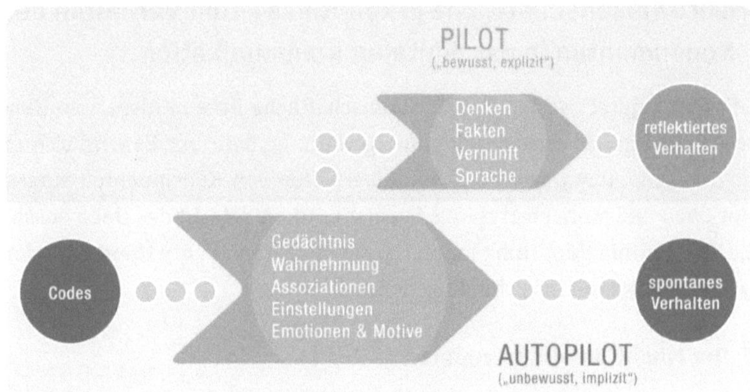


Abbildung 9: Schematisch dargestelltes Verhalten des Piloten und Autopiloten
( Quelle: Ströer)

Nach dem Harvard-Professor Gerald Zaltman steuert das unbewusste System des
Menschen, also der Autopilot circa 95% des Kaufverhaltens.[91] Demnach werden
vergleichsweise sehr wenige Kaufprozesse bewusst gesteuert, was die Relevanz
des Unbewussten deutlich macht. Die daraus resultierende Frage, warum ein so
riesiger Anteil an Informationen unbewusst verarbeitet wird hat mehrere Gründe.
Zum einen geht die Verarbeitung im Unbewussten deutlich schneller als die im be-
wussten Zustand und zum anderen werden Entscheidungen in circa 0,5-2 Sekunden getroffen, wobei vieles automatisch abläuft. Dies ist besonders in Gefahrensi-
tuationen von großem Vorteil, wenn schnell zu reagieren ist, z.B. eine Vollbremsung
beim Autofahren. Ein anderer Grund ist die Energieeffizienz des Unbewussten. Ist
der oben gezeigte Autopilot an der Reihe, braucht das Gehirn nur 5% der Energie
die dem Körper zu Verfügung steht. Ist jedoch der Pilot an der Reihe und es wird
angestrengt nachgedacht, hinterfragt und analysiert, steigt der Energieverbrauch
stark auf bis zu circa 20 % des gesamten Körperenergiehaushaltes an. Evolutions-
bedingt strebt der Körper immer nach der kleinsten Anstrengung, um zum Beispiel
für bestimmte Notsituationen gewappnet zu sein. Daraus resultiert, dass ein Auto-
matikmodus der präferierte Zustand ist.[92]

---

[91] Vgl. Häusel [2012], S.58 ff.
[92] Vgl. Häusel [2008a], S.87 ff.

Der Autopilot bedient sich an Emotionen und Motive, welche im Gehirn des Menschen entstehen, worüber sich der rational handelnde Mensch im seltensten Fall bewusst ist.[93] Eine Entscheidung ist zu einem Großteil durch stark emotionale, implizite Prozesse des Gehirns geprägt und basiert nicht auf Basis expliziter, rationaler und reflektierter Kosten-Nutzen-Abwägungen. In Bezug auf das Neuromarketings gilt es somit den Autopiloten über implizite Signale anzusprechen, um eine Verhaltensänderung zu bewirken. Dabei gilt es den Piloten durch äußere Einflüsse auszuschalten oder bspw. durch das Hinzufügen von Garantien in Sicherheit zu wiegen.[94]

## 4.2 Think Limbic Ansatz in der digitalen Kommunikation

Der „Think limbic" Ansatz ist ein multiscience-Ansatz, welcher sich mit dem Zusammenspiel verschiedener Wissenschaftsdisziplinen befasst und diese zu einem Gesamtmodell verknüpft. „Think limbic" ist von Hans-Georg Häusel geschaffen um die verschiedenen Teildisziplinen des Neuromarketings unter einem Dach zu fassen.[95] Geruch, Haptik und Geschmack lassen sich nicht digital darstellen, wodurch es sehr wichtig ist den Konsument mit den Mitteln die in der digitalen Kommunikation zu Verfügung stehen von einem Produkt oder einer Dienstleistung zu überzeugen.[96] Mittel der Ansprache bei der digitalen Kommunikation sind primär Emotionen sowie Visuelle als auch Auditive Ansprache. Emotionen und daraus resultierende Motive sind hierbei die grundlegenden inneren Treiber, die im biologischen Sinne das Überleben des Organismus sichern sollen, indem sie das menschliche Verhalten beeinflussen. Sie äußern sich dem Bewusstsein in der Gestalt von Gefühlen und Motiven, welche zum Beispiel den Gesichtsausdruck verändern oder sie bereiten den Körper auf gewisse Situationen vor (zum Beispiel Sex oder Flucht), indem sie seinen Zustand ändern. Emotionen sind genetisch präformierte Muster aus psychologischen Reaktionen, wie zum Beispiel Aufregung (Steigerung des Blutdrucks) oder Verhaltensreaktionen (z.B. lachen oder weinen).[97] Außerdem liegt Emotionen die Valenz des Belohnungs- und Schmerzsystems zu Grunde, wodurch Emotionen in unterschiedlichen Intensitäten auftreten können. Motive resultieren

---

[93] Vgl. Häusel [2012], S.61ff.
[94] Vgl. CogniFit o.J., o. S.
[95] Interview Häusel [2018], o. S.
[96] ebd.
[97] Vgl. Briesemeister [2013], o. S.

aus den Emotionen und sind die konkrete Umsetzung bestimmter Handlungen in das tägliche Leben. Zwischen Emotionen und Motiven besteht somit eine Wechselwirkung.[98]

Häusel vertritt die Annahme, dass ein Produkt oder eine Werbemaßnahme konstant mit Emotionalität aufgeladen werden muss. Dabei gilt es zu verstehen, welche Emotionssysteme der Mensch besitzt, um diese (Produkt/Werbemaßnahme mit Emotionssystem) miteinander verknüpfen zu können. Marketingaktivitäten sowie Werbemaßnahmen müssen so auf die bestimmten Emotionssysteme abgestimmt werden, um ein in sich schlüssiges Markennetzwerk zu entwickeln zu können. Erst Emotionen geben einer Information eine Bedeutung. Ohne Emotionen sind Informationen für das Gehirn wertlos. Und was für unser Gehirn wertlos scheint, wird auch nicht gekauft.[99]

Diesen Erkenntnissen zufolge hat Häusel das Emotions-Gesamtmodell erstellt, worin die Wirkung von Emotionen im Gehirn für die Praxis zugänglich gemacht werden soll. An Hand der im weiteren Verlauf dieses Kapitels vorgestellten „Think limbic map" lassen sich Emotionen und Werte vereinfacht darstellen und in verschiedene Typen gliedern.

### 4.2.1 Die entscheidenden „Big 3" Emotionssysteme des Menschen

Wie zu Beginn bereits erläutert, finden die Prozesse der Emotionssysteme des Menschen hauptsächlich im limbisches System des Gehirns statt. Die für „Think limbic" wichtigsten Emotionssysteme werden die „Big 3" genannt und bedienen sich aus verschiedenen wissenschaftlichen Disziplinen. Sie werden als Dominanz-, Balance- und Stimulanz-System bezeichnet, um einerseits die Komplexität zu reduzieren und andererseits einfache sowie positive Begriffe zu verwenden.[100] Alle Emotionssysteme sind in zwei Seiten unterteilt, die Belohnungsseite und die Strafseite. Anders gesagt eine positive und eine negative Seite, welche jeweils bestimmte Zustände meint, welche das menschliche Individuum beeinflussen. Diese dienen dem Menschen zur Unterscheidung von „richtig" oder „falsch".[101] Aus der „Think limbic map" lassen sich durch Mischverhältnisse der „Big 3"

---

[98] ebd.
[99] Vgl. Schüller o.J., o. S.
[100] ebd.
[101] Vgl. Häusel [2014], S. 60 ff.

Zielgruppensegmentierungen vornehmen, wodurch nach bestimmten Merkmalen im Kaufverhalten segmentiert werden kann.[102] Die Emotionssysteme sind zwar sowohl neuroanatomisch wie neurochemisch teilweise eigenständig, regulieren sich jedoch gegenseitig und arbeiten in einem übergeordneten System zusammen. Während zum Beispiel das Dominanz- und Stimulanz-System zur Aktion und zum Risiko drängen, ist es die Aufgabe des Balance-Systems jegliches Risiko zu begrenzen und dem entgegenzuwirken. Diese Gegensätze können bei (Kauf-) Entscheidungen eine große Bedeutung haben.

Innerhalb der folgenden Abschnitte wird thematisiert, was genau das jeweilige System der „Big 3" anspricht und welche Wertevorstellungen es anstrebt. Es werden außerdem Käufergruppen vorgestellt, die den jeweiligen Typen entsprechen um eine Vorstellung der jeweiligen Eigenschaften zu geben und eine erste Zielgruppensegmentierung darzustellen.

### 4.2.1.1 Das Dominanz-System

Das Dominanz-System ist eines der „Big 3" der menschlichen Emotionssysteme. Die Ziele und Emotionen die dieses System prägen sind Status und Macht zu erlangen, Verdrängung von Konkurrenz, Autonomie und sich selbst durchzusetzen und gegenüber anderen zu behaupten. Ein Individuum, bei dem dieses System sehr ausgeprägt ist, werden durch Werte wie Stärke, Stolz und Überlegenheit positive Gefühle vermittelt. Zustände wie Wut und Machtlosigkeit hingegen sorgen für ein negatives Gefühl.[103] Um das Dominanz-System und dessen Eigenschaften auch auf eine wissenschaftliche Art und Weise zu beschreiben ist es wichtig zu sagen, dass dieses System von den Neurotransmittern Testosteron, Glutamat und auch Dopamin dominiert wird. Diese Transmitter nehmen besonderen Einfluss auf die des Dominanz-Systems zugeschriebenen Eigenschaften und Ziele. Die für das Dominanz-System besonders wichtigen Gehirnareale sind die Amygdala, Teile des Hypocampus und diverse Kerne im Hirnstamm.[104] Stimuli, welche Menschen mit einem ausgeprägten Dominanz-System besonders ansprechen sind Reize wie Impulsivität, Risiko, Extravaganz oder Kampf. Im Zusammenhang dessen werden Kaufentscheidungen getroffen, wie z.B. Luxusautos, Luxusgüter, besondere Immobilien,

---

[102] ebd. S.62 ff.

[103] ebd. S.58 ff.

[104] Vgl. Marktforschung mit Neuromarkting o.J., o. S.

Tickets zu elitären Events, Produkte zur Steigerung körperlicher Leistungsfähigkeit wie Fitnessgeräte oder Nahrungsergänzungsmittel sowie Dienstleistungen zur Steigerung von Effizienz und Schnelligkeit.[105]

### 4.2.1.2 Das Stimulanz-System

Das Ziel des Stimulanz-Systems ist es Neues zu entdecken, als auch das Erlernen neuer Fähigkeiten. Positive Gefühle werden in diesem System durch Überraschungen und Vorfreude erzeugt, wohingegen Langeweile ein negatives Gefühl verursacht, was für eine deutliche Unteraktivierung des Stimulanz-Systems spricht.[106] Dieses System ist von dem Streben nach neuen Reizen geprägt, wobei insbesondere Neugierde den Kern dieses Systems darstellt. Mit Dopamin als wichtigstem Nervenbotenstoff sorgt das Stimulanz-System für eine „lustvolle Erwartung" im Hinblick auf zukünftige Reize. Eine Überaktivierung spiegelt sich in Zwangshandlungen, wie beispielsweise Sucht- und Zwangsverhalten wieder, welches ebenfalls durch den süchtig machenden Botenstoff Dopamin erklärt werden kann. Als besonders wichtigen Teil des limbischen Systems gilt für das Stimulanz-System der Hypothalamus.[107] Dieser ist für die Grundversorgung und den inneren Antrieb des menschlichen Körpers verantwortlich. Menschen, die besonders durch das Stimulanz geprägt sind, verfolgen Werte wie Spaß, Genuss, Kreativität, Abwechslung oder Neugier.

Erlebt eine Person etwas Außergewöhnliches oder erwirbt den neuesten Techniktrend, schüttet der Körper Endorphine aus, worauf sich die Person gut fühlt und dies als Belohnung erlebt.[108] Aktivitäten wie Reisen, Freizeitparks, Unterhaltungselektronik jeglicher Art und besondere Genussmittel sind für die Erregung des Stimulanz-Systems besonders verantwortlich.

### 4.2.1.3 Das Balance-System

Das Balance-System ist, wie der Name schon erahnen lässt, das System, welches sich mit der Ausgeglichenheit des Menschen befasst. Die Ziele dieses Systems sind Sicherheit, Risikovermeidung und Stabilität. Positive Gefühle werden hier besonders durch Sicherheit und Geborgenheit erzeugt, wogegen Angst und Furcht

---

[105] Vgl. Häusel [2008], S. 30 ff.
[106] Vgl. Häusel [2014], S.58 ff.
[107] Vgl. Marktforschung mit Neuromarkting o.J., o. S.
[108] Vgl. Scheier/Held [2009], S.53.

negative Gefühle hervorrufen können.[109] Angst und Furcht werden hauptsächlich
durch die Amygdala verarbeitet, die bei entsprechender Aktivierung für einen er-
höhten Cortisol Ausstoß sorgt, wogegen bei Sicherheit und Geborgenheit Serotonin
ausgeschüttet wird, welches dem Cortisol entgegenwirkt. Dadurch kann eine Ba-
lance der Neurotransmitter schneller wieder hergestellt werden und ein Mensch
kann sich schnell wieder besser fühlen.[110]

Versicherungsleistungen jeglicher Art wirken beruhigend für das Balance-System.
Des Weiteren stehen Absicherungen, wie beispielsweise Versicherungen jeglicher
Art hoch im Kurs. Traditionsprodukte, Arztbesuche, Medikamente, Ratgeber sowie
Garantie-, und Qualitätsversprechen sind Produkte, welche, einem Menschen mit
einem stark ausgeprägten Balance-System besonders zusagen.[111]

### 4.2.1.4 Mischverhältnisse

Aufgrund der parallelen Aktivität von Emotionen und Motiven der drei großen
Emotionssysteme entstehen Mischungen. Aus diesen verschieden möglichen Mischungen ergeben sich neue übergeordnete Werte, welche verschiedene Motive be-
herbergen. Ein Beispiel dafür wäre, dass eine Mischung aus Stimulanz- und Domi-
nanz-Systeme den Typ Abenteuer/Thrill ergibt (vgl. Abb.10). Diese Mischung
ergibt zum Beispiel Motive wie Impulsivität, Risikofreude oder Spontaneität. Anhand von Abbildung 10 soll aufgezeigt werden, welche Zusammensetzung von
Werten aus durch die Vermischung der „Big 3" entstehen können.

Abbildung 10 ist zu entnehmen, dass den „Big 3" zusätzlich zu den vorab benannten
Zielen und angestrebten Werten, weitere Werte zugeschrieben werden, welche das
ganze Modell in der funktionalen Gesamtstruktur verfeinert. Die „Limbic Map"
wurde von Experten mittels verschiedener Analysen empirisch erhoben und vali-
diert.[112] Die drei Hauptachsen dieser Abbildung werden durch das Balance-, Domi-
nanz- und Stimulanz-System gebildet. Die jeweiligen Vermischungen der Systeme
werden im Rahmen zwischen den Werten dargestellt. Ebenfalls deutlich zu erkennen ist der Raum indem sich die Sexualität der verschiedenen Geschlechter ab-
spielt. Die männliche Sexualität befindet sich ausschließlich im Bereich des Domi-
nanz- und Stimulanz-Systems, wogegen die weibliche Sexualität sich zu großen

---

<sup>109</sup> Vgl. Häusel [2014], S.58 ff.
<sup>110</sup> Vgl. Marktforschung mit Neuromarkting o.J., o. S.
<sup>111</sup> Vgl. Häusel [2008], S.30 ff.
<sup>112</sup> Vgl. Gruppe Nymphenburg [2018], o. S.

Teilen aus einer Mischung von Balance- und Stimulanz-System ergibt. Zusätzlich
werden in Abbildung 10 einige Aktivitäten, als auch Werte wie Bindung, Fürsorge,
Spiel, Raufen und Jagd aufgezeigt. Dadurch wird dem Betrachter eine Vorstellung
der allgemeinen Funktion aufgezeigt.

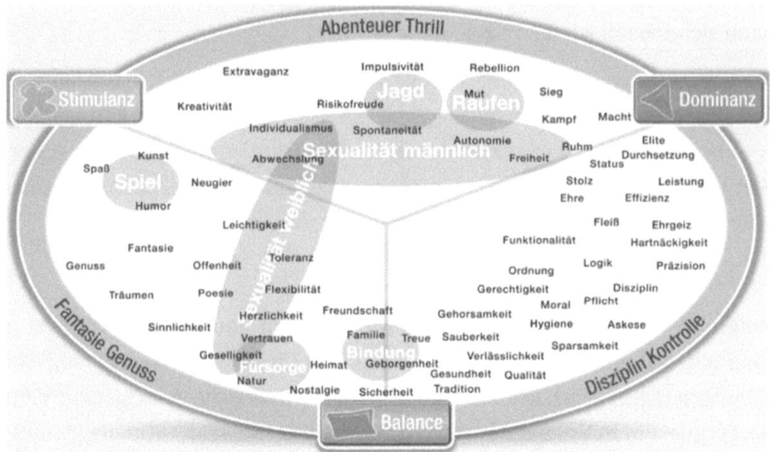


Abbildung 10: Der Emotions- und Werteraum des Stimulanz-, Dominanz- und Balance-
Systems
(Quelle: Wissenschaftliche Fundierung des Limbic ® Ansatzes)

Der Werteraum des Stimulanz-, Dominanz- und Balance-Systems ist von großer Bedeutung. Mit jedem der oben aufgeführten Werte, geht eine Emotion einher, welche
für den Menschen eine individuelle Bedeutung hat. Ein Beispiel dafür ist, dass sich
ein Mensch der vom sehr stark vom Stimulanz-System geprägt ist, Werte wie Macht
und Ruhm anstrebt. Nahezu alle wichtigen menschlichen Motive, Werte und Wünsche lassen sich auf der „Limbic map" darstellen und in Relation zueinander setzen,
wodurch man hier von einer Art Navigationstool sprechen kann, mit dem sich Mo-
tiv- und Wertstrukturen erklären lassen.[113]

---

[113] Vgl. Briesemeister [2013], o. S.

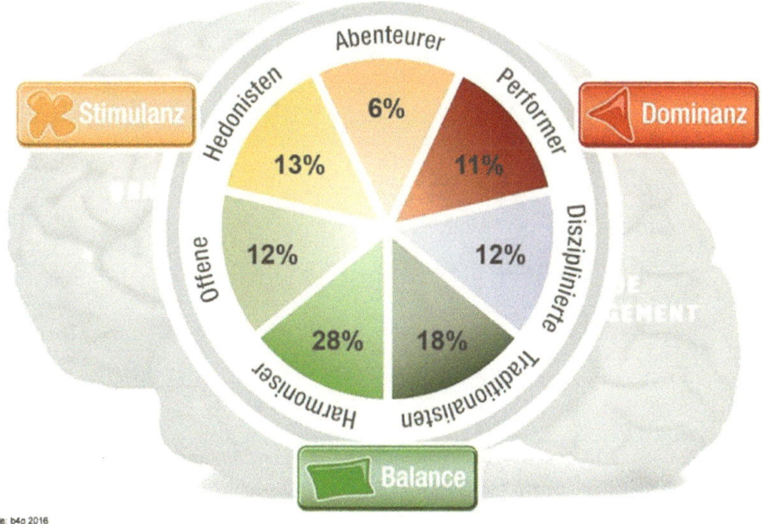


Abbildung 11: Mischverhältnisse der 7 „Limbic types"
(Quelle: Gruppe Nymphenburg)

Aus den Mischverhältnissen der „Big 3" Emotionssystem lassen sich bestimmte Typen ableiten. Abbildung 11 stellt die sogenannten „Limbic types" und deren domi-
nierendes Emotionssystem dar, wodurch auf einen Schwerpunkt in jeder Ausprä-
gung aufmerksam gemacht werden soll. Die „Limbic types" dienen der vereinfachten Zuordnung von Vorlieben und vermittelten Werten im Kaufverhalten.[114]

Eine Positionierung auf der „Limbic Map" von bekannten Biermarken soll einen
Eindruck vermitteln, wie die innerhalb einer Werbemaßnahme transportierten
Emotionen jeweilige Typen ansprechen können. Um dem Leser die Möglichkeit zu
geben, sich über die Hintergründe der Zuordnung informieren kann, werden die
Links der Werbemaßnahmen im Anhang hinterlegt.

---

[114] Vgl. Häusel [2014], S.62 ff.

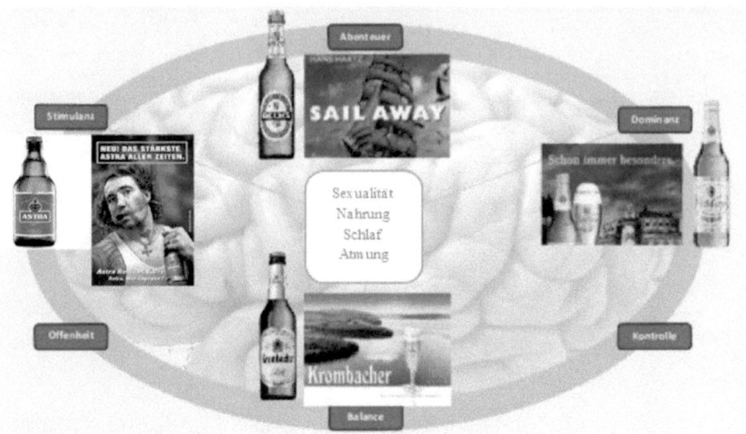


Abbildung 12: Verschiedene Werbemaßnahmen bekannter Biermarken werden innerhalb der „Limbic map" positioniert
(Quelle: Eigene Darstellung in Anlehnung an Think Limbic)

Abbildung 12 zeigt die Grundcharakteristiken der „Limbic map" sowie darauf vor-
genommene Einordnungen von digitalen Werbemaßnahmen verschiedener Biermarken. Die Darstellung soll durch die unterschiedliche Positionierung aufzeigen,
wie unterschiedlich vermittelte Werte verschiedene Emotionssysteme ansprechen.

Der Spot „Sail away" ist auf der „Limbic map" bei Abenteuer platziert, da er von der
Vermittlung des Gefühls der Freiheit und Abenteuer geprägt wird. Junge Leute be-
finden sich auf einem Schiff, die Wellen schlagen über das Boot, Sie arbeiten in einem Team zusammen um das Boot zu steuern, Sie erleben gemeinsam ein Abenteuer. Begleitet wird der Spot von dem Rocksong „Sail away", der dem ganzen noch
weitere Freiheits- und Abenteuercharakter suggeriert.[115]

Radeberger vermittelt mit Ihrem Spot das Gefühl von etwas besonderen, meister-
haften und einzigartigen. Das Produkt wird durch die Darstellung in Gold im ansonsten schwarz-weißen Film hervorgehoben und in den Mittelpunkt gestellt. Auf
der „Limbic map" ist es beim Dominanz-System positioniert da der Spot einen elitären Charakter vorweist und den Konsumenten die Gefühle von Macht und Stolz
vermittelt.[116]

---

[115] Vgl. djMICHI3000 [2008], (0:00-0:30).
[116] Vgl. TVWerbung [2009], (0:00-0:30).

Die Werbung von Krombacher wird von Werten wie Heimat, Tradition, Nostalgie
und Geborgenheit geprägt. Krombacher spricht das Balance-System an, indem es
einen leidenschaftlichen, natürlichen und bekannten Charakter vermittelt. Es ist
viel Natur zu sehen und der Sport wirkt sehr harmonisch und ausgeglichen.[117]

In der Werbung von Astra sind zwei junge Männer zu sehen, die sich in einem Su-
permarkt treffen und sich dort um das vermeidlich letzte Sixpack Astra streiten.
Der Spot wirkt sehr jung, belustigend, vermittelt viel Spaß und trifft daher gut auf
die Werte des Stimulanz-Systems. Er ist sehr kreativ gestaltet, was durch den Einsatz verschiedenster Ablenkungsmittel (Würstchen, Ketchup, Cola, Chips) zum
Ausdruck kommt.[118]

Die Analyse der verschiedenen Spots soll aufzeigen, wie unterschiedlich vermeint-
lich ähnliche Produkte positioniert werden können und wie diese auf der „Limbic
map" zu positionieren sind. Zudem soll es für den Betrachter ersichtlich werden,
wie unterschiedliche Werte und Emotionen ansprechend in der digitalen Kommunikation vermittelt werden können und somit ein gezieltes Bedürfnis mit Kaufab-
sicht hervorgerufen werden kann.

## 4.3 Erkenntnisse des Neuromarketings in der digitalen Kommunikation

Dieser Abschnitt soll sowohl einen Überblick über Erkenntnisse des Neuromarketings in der digitalen Kommunikation verschaffen als auch wie es mit Ihrer Hilfe
gelingen kann Konsumenten wieder effektiver anzusprechen.

### 4.3.1 Wie Erkenntnisse des Neuromarketings in Marketingstrategien der digitalen Kommunikation eingebunden werden können

Mit Hilfe der Erkenntnisse aus dem Neuromarketing sollen nicht nur Kunden Ihr
Verhalten besser verstehen, auch die Unternehmen können daraus wichtige Informationen für Ihre Marketingaktivitäten ableiten. Denn wenn ein Unternehmer
weiß, warum sein Kunde zum Beispiel in diesem Moment den Kauf abbricht, kann
er beim nächsten Mal entsprechend darauf reagieren oder seine Verkaufspräsen-
tation so ausrichten, dass der Kunde unbewusst doch zum Kauf motiviert wird.[119]

---

[117] Vgl. NiklasGT [2010], (0:00-0:33).

[118] Vgl. Bier&WeinVersand [2016], (0:00-1:02).

[119] Vgl. makebetter [2014], o. S.

Durch die Vielzahl von Einflussfaktoren beim Kaufverhalten des heutigen Konsumenten bedarf es einiger Faktoren, die dazu beitragen können Werbung effizienter zu gestalten. Hier setzen Neuropsychologische Forschungen an, um die wahren Bedürfnisse und Wünsche der Kunden zu verstehen.[120] Wie bereits in vorangegangen Kapitel erläutert spielen Emotionen und die Macht des Unbewussten eine sehr große Rolle im digitalen Kaufverhalten der heutigen Konsumenten. Es bedarf jedoch weiterer Maßnahmen, diese Erkenntnisse nun auch effektiv und sinnvoll in den Marketing-Mix einzubinden.

**Wie nun die Erkenntnisse in moderne und digitale Marketingstrategien einbinden?**

Im Zuge der fortwährenden Digitalisierung haben sich einige neue und moderne Maßnahmen und Methoden ergeben, welche das digitale Marketingportfolio erweitern. Der Fokus liegt nicht darauf, Marketing grundlegend zu revolutionieren, sondern bekannte Maßnahmen so effiziert wie nur möglich anzuwenden.

Grundlegend ist es wichtig den Konsumenten multisensorisch anzusprechen. Der Begriff der Multi Sensorik befasst sich mit der zeitgleichen Ansprache des Konsumenten über unterschiedliche Wahrnehmungskanäle.[121] Durch diese spezielle Form der Ansprache ist es möglich, einen langfristigen Eindruck beim Konsumenten zu hinterlassen.[122] Das daraus resultierende Phänomen der „Superadditivität" entsteht aus der verstärkten Wahrnehmung einer Botschaft durch die summierte Stärke einzelner Sinneseindrücke.[123] Durch interaktives Einbinden der Konsumenten in Form von Mitgestaltung und miterleben wird der Effekt der Superadditivität verstärkt. Lesen, Hören, Sehen, Selbst sagen, Selbst tun steigert die Behaltens Leistung  deutlich, wodurch die Präferenz für eine Marke oder Dienstleistung deutlich gesteigert werden kann.[124] Des Weiteren kann der  Einsatz von sogenannten Spiegelneuronen, die zur Vermenschlichung der digitalen Kommunikation beitragen, ergänzt werden. Peter Kenning bezeichnet die Spiegelneuronen „[...] als Brücke in die digitale Welt".[125] Die Wirkung von Spiegelneuronen lässt sich ganz banal mit

---

[120] Vgl. TWT [2012], o. S.

[121] Vgl. Häusel [2012], S.87

[122] ebd.

[123] Vgl. Häusel [2012], S.88 ff.

[124] ebd.

[125] Vgl. GEM [2014], o.S. zitiert nach Kenning [2014], o. S.

dem Phänomen des automatischen „mitgähnens" darstellen.[126] Sehen wir einen
Menschen gähnen, so passiert es sehr oft, dass man auch gähnen muss. Dafür sind
die Spiegelneuronen verantwortlich, welche sich in Bezug auf Neuromarketing
auch auf die „Ansteckungsgefahr" von Emotionen übertragen lassen.[127] „Der Vor-
gang der Spiegelung passiert simultan, unwillkürlich und ohne jedes Nachdenken.
Von der wahrgenommenen Handlung wird eine interne neuronale Kopie produ-
ziert, als vollzöge der Beobachter die Handlung selbst" so Bauer.[128] Spiegelneuronen sind durch Ihre Eigenschaften auch für die Onlinedarstellung von großer Bedeutung. Mit Ihrer Hilfe ist es möglich über ein Medium Emotionen erlebbarer zu
machen und Reize multimedial zu vermitteln.[129]

„Die stärkste und beste Droge für den Mensch ist der Mensch" unterstreicht die
Notwendigkeit des Einsatzes von Menschen in digitalen Kommunikationspoliti-
schen Marketingmaßnahmen.[130] Bereits bei der Vorstellung der Eye-Tracking Methode zeigt Abbildung 8 wie stark die Darstellung eines Menschen auf einer Website vom Internetnutzer wahrgenommen wird. Diese untermauert ebenfalls die
enorme Wichtigkeit der Darstellung von Menschen, beispielsweise auf Websites.
Diese Erkenntnis fungiert als eine Art Leitmotiv, wenn es um die Erstellung von
Online-Shops und Websites geht.[131] Mithilfe vom „Faktor Mensch" gelingt es bereits
die Transformation eines stationären Handels in das digitale Zeitalter zu übertragen. Websites übernehmen bereits heute die Funktion einer interaktiven Plattform,
über die Menschen kommunizieren können (Video, Anruf, Chat, Live-Video),
wodurch es neuen Geschäftsmodelle abseits vom stationären Handel gelingt sich
erfolgreich zu etablieren.[132]

Auf Basis der bereits erläuterten Grundlagen, haben sich die Marketingmöglichkei-
ten im Zeitalter der Digitalisierung erweitert. Moderne Strategien wie Content
Marketing, Influencer Marketing[133], User Generated Content[134] oder auch Social

---

[126] Vgl. Häusel [2012], S.98 ff.

[127] ebd.

[128] Vgl. Bauer [2006], S.26.

[129] Vgl. Häusel [2012], S.99.

[130] Vgl. Bauer [2015], o. S.

[131] Vgl. Pispers/Dabrowski [2011], S.36.

[132] ebd.

[133] Vgl. Agentur junges Herz [2018], o. S.

[134] Vgl. Häusel [2012], S.106 ff.

Media Marketing[135] erweitern die klassischen Onlinekommunikation. Bei diesen neuartigen Marketingmaßnahmen steht Storytelling und die damit verbundene Vermittlung von Informationen verpackt in Geschichten im Vordergrund. Der Knackpunkt besteht darin, den Konsumenten emotional zu erreichen und Ihn auf eine Art der Reise mitzunehmen, wobei die Geschichten gezielt und gekonnt eingesetzt werden um die Konsumenten zu „fesseln".[136] Dadurch kann der Lerneffekt einer Zielgruppe verbessert sowie das Mitdenken nachhaltig unterstützt werden. Das Streuen von Ideen, Interaktiver Austausch innerhalb und außerhalb der Zielgruppe und das Fördern geistiger Beteiligung kann die Qualität dieser Form und allgemeiner digitaler Kommunikation stark verbessern.[137]

---

[135] Vgl. Häusel [2012], S.111 ff.
[136] Vgl. Textbroker o.J., o. S.
[137] Vgl. Häusel [2012] S.104ff.

# 5 Kritische Würdigung

Das Thema Neuromarketing wird allgemein sehr kontrovers diskutiert. In dieser Arbeit wird Neuromarketing allgemein und hinsichtlich der Erkenntnisse für die digitale Kommunikation hinterfragt. Einerseits gibt es Verfechter dieser Methodik, welche Neuromarketing entweder wissenschaftlich erforschen oder es als Unternehmer bereits in Ihrem Dienstleistungsportfolio aufgenommen haben. Auf der anderen Seite gibt es eine große Zahl an Kritikern, die sich entschieden gegen Neuromarketing aussprechen und den Hype um dieses Thema als überzogen empfinden. In den nächsten Abschnitten werden beide möglichen Ansichten beleuchtet.

## 5.1 Chancen des Neuromarketings in der digitalen Kommunikation

Prof. Dr. Hans-Willi Schroiff, einer der renommiertesten deutschen Marktforscher betrachtet den Nutzen des Neuromarketings auf zwei Ebenen. Eine theoretische und eine praktische Ebene, welche getrennt voneinander beleuchtet werden müssen.[138] Mit seinem Ansatz „Neuro-Theory of Mind", beschreibt er den aus seinen Augen größten Nutzen des Neuromarketings: „Viele Kontroversen, die es zwischen Marktforschern, Produktmanagern und Werbeagenturen gab und gibt, werden extrem minimiert [...]".[139] Prof. Dr. Hans-Willi Schroiff ist davon überzeugt, dass die „Neuro-Theory of Mind" erheblich zum Produkterfolg beiträgt und hohe Flop Raten verhindern kann.[140] Bereits zu Beginn eines Produktentwurfs können Erkenntnisse des Neuromarketings dazu beitragen, Produkte richtig zu positionieren, Produkte mit relevanten Eigenschaften zu entwickeln sowie Produkte richtig zu platzieren und zu kommunizieren.[141]

Der amerikanische Psychologe Dan Ariely und der Neurowissenschaftler Gregory Berns sind davon überzeugt, dass Neuromarketing Erkenntnisse über das Verhalten eines Produktes am Markt bereits vor Einführung liefern kann. Neuromarketing stiftet laut Ihrer Aussage einen doppelten Nutzen, „We propose that there are two main reasons for this trend. First, the possibility that neuroimaging will become cheaper and faster than other marketing methods; and second, the hope that neuroimaging will provide marketers with information that is not obtainable

---

[138] Vgl. Häusel [2014], S.214f.

[139] ebd.

[140] Vgl. Häusel [2014], S.215.

[141] ebd.

through conventional marketing methods".[142] Neuromarketing soll demnach mithilfe von fMRT herausfinden, wie Produkte in ihrem Design oder gegebenenfalls in ihrem Geschmack bei den Kunden ankommen könnten und wie diese am besten zu kommunizieren sind. Für Unternehmen wäre es z.B. nach einer Markendehnung interessant zu erfahren, ob ein positiver emotionaler Mehrwert auch von dem neu entwickelten Produkt ausgeht. Deutlich teurere Markttests können vermieden werden und die Konkurrenz im Markt bekommt keinerlei Einblicke in neue Artikelplanungen eines Unternehmens.[143]

Für den Diplompsychologen Dr. Hans-Georg Häusel, internationaler Experte im Bereich Marketing und Hirnforschung, sind Emotionen die wahren Entscheider eines Kaufprozesses:[144] „Je stärker die (positiven) Emotionen sind, die von einem Produkt, einer Dienstleistung und/oder einer Marke vermittelt werden, desto wertvoller sind Produkt und Marke für das Gehirn und desto mehr ist der Konsument auch bereit, Geld dafür auszugeben".[145]Anhand dem von Ihm entworfenen Neuromarketingmodell „Think limbic", hat er das bis heute umfassendste Instrumentarium für die Positionierung einer Marke und der damit verbundenen Markenführung entworfen.[146] Fundiert durch die Aussage von Schopenhauer „Der Mensch kann tun was er will, aber nicht wollen was er will"[147], basiert das „Think limbic" Modell auf der Vormacht des Unbewussten sowie den biologischen Emotionen, welche er auch als Emotionssysteme „The Big 3"bezeichnet.[148] Mithilfe dieses Modells, entsteht für Marketingverantwortliche die Chance einer besseren Zielgruppenansprache. Werbung muss Emotionen, Motive und Bedürfnisse ansprechen, wodurch eine höhere Informationsausnahme garantiert werden kann. Konsumenten werden nach bestimmten Merkmalen zu Persönlichkeitstypen geclustert, woraufhin eine zielgruppengenau kommunikative Ansprache abgeleitet wird.[149]

Neuromarketing führt dazu, dass sich das Bild eines rational denkenden Kunden verändert. Es stellt den kritischen und selbstbestimmt handelnden Mensch in

---

[142] Vgl. Ariely/Berns [2010], o.S.
[143] ebd.
[144] Vgl. Häusel [2014], S.56.
[145] Vgl. Häusel [2014], S.57.
[146] Vgl. Häusel [2014], S.75.
[147] Vgl. Ziegler [2015], o.S.
[148] ebd.
[149] Vgl. Häusel [2014], S.55.

Frage und wandelt das Menschenbild des „homo oeconomicus" zum „homo neurobiologicus".[150] Der Mensch strebt nach Maximierung des eigenen Nutzens. Allerdings wird häufig nicht, wie ursprünglich nach dem Modell des homo oeconomicus
angenommen, rational gehandelt. Forscher haben herausgefunden, dass Emotionen und Motive bei Kaufentscheidungen eine übergeordnet große Rolle spielen.[151]
Ein Zitat von Werner Fuchs fasst einen Ablauf einer Kaufentscheidung sehr gut
zusammen: "Das Gefühl kauft, die Vernunft segnet den Kauf ab".[152]

Erfolg und Zukunft des Neuromarketings sind eng mit der Entwicklung der digitalen Kommunikation und dem wissenschaftlichen sowie technischen Fortschritt in
den Neurowissenschaften verbunden. Durch weitere Erkenntnisse dieser, können
in Zukunft weitere Neuromarketingstudien durchgeführt werden.

## 5.2 Herausforderungen und Grenzen des Neuromarketings in der digitalen Kommunikation

Aus der Sicht von Kritikern, die das Interesse am Neuromarketing nicht nachvoll-
ziehen können, wird Neuromarketing häufig als Modeerscheinung bezeichnet, welche aus dem Nichts plötzlich Presse und Medien eroberte.[153]

Viele psychologische Verfahren und Erkenntnisse, die Neuromarketing nutzt, werden als neue Erkenntnisse verkauft, die angeblich nur mittels Hirnforschung möglich waren.[154] Für die tatsächliche Fundierung von Neurobiologischen Ansätze sind
nach Felser zwei Dinge zu beachten:

- „Die Methode sollte neurologische Daten erheben bzw. die Erkenntnis
  sollte auf neurologischen Daten beruhen."[155]

- „Methode oder Erkenntnis sollten sich in der Erklärung oder in der dazuge-
  hörigen Modellvorstellung auf neurologische Prozesse beziehen."[156]

---

[150] Vgl. Grosch [2014], o.S.

[151] Vgl. Roth [2008], o.S.

[152] Fuchs [2017], S.21.

[153] Vgl. Felser, G. [2015] S.24.

[154] ebd.

[155] Vgl. Felser [2015] S.24.

[156] ebd.

Felser stellt nicht nur die Vorgehensweise sondern auch der Untersuchungsgegenstand an sich in Frage. Eine Verbindung zwischen mentalen, physiologischen und neurologischen Prozessen muss erst noch gezeigt und bewiesen werden.[157]

„Ich habe bis heute kein theoretisch überzeugendes Modell gesehen. Meistens handelt es sich um Heuristiken, die mehr oder weniger wissenschaftlich fundiert sind"[158] so Peter Kenning, Deutschlands renommiertester Neuroökonom, welcher zugleich Befürworter und Vorreiter des Neuromarketings ist. Die Übertragung von neurobiologischen Erkenntnisse auf das Marketing setzt umfangreiche Fachkenntnisse voraus und ist aktuell ein sehr Zeit- und Kostenintensives Verfahren.[159] Vor diesem Hintergrund betont der anerkannte Neurowissenschaftler, dass das Potenzial des Neuromarketing nicht voll ausgeschöpft werden kann. Es wird noch seine Zeit brauchen, solange bis man über den Tellerrand von bildgebenden Verfahren hinaus schauen kann und Erkenntnisse sowie Teilbereiche des Neuromarketings untereinander besser verknüpfen kann.[160]

Dr. Hans-Georg Häusel, Vordenker und Befürworter des Neuromarketings, zählt international zu den führenden Experten in der Marketing-, Verkaufs- und Management-Hirnforschung. „[...] um die komplexen Hirnvorgänge, die mit der Produkt- und Werbeverarbeitung verbunden sind, besser aufzudecken, muss man die im Marketing üblichen komplexen Fragestellungen in viele sehr sauber konzipierte und kontrollierte Detail- und Einzeluntersuchungen aufspalten".[161] Um dies zu bewerkstelligen bedarf es jedoch eines immensen Zeit- und Kostenaufwand.[162] Ausgehend von einer Fundierung mittels Hirnscanner, kostet der Einsatz eines Hirnscanners pro Stunde bereits zwischen 750 und 1200 Euro. Hinzukommt, dass Hirnscanner-Signale sehr schwach sind, weswegen man meist 30 bis 40 Durchgänge (Dauer: rund eine Stunde pro Durchgang) pro Versuchsperson braucht, um ein statistisches und relativ verlässlichen Ergebnis zu erhalten.[163] Zudem benötigt man in der Regel mindestens 20 Versuchspersonen, da sich jeder Mensch in seinen

---


[157] ebd.

[158] Vgl. Diehl [2011], o.S.

[159] ebd.

[160] ebd.

[161] Vgl. Häusel o.J., o.S.

[162] Vgl. Interview Häusel [2018], o.S.

[163] Vgl. Häusel o.J., o.S.

Hirnaktivitäten unterscheidet.[164] Laut Häusel ist es zudem sehr wichtig, dass Experten der verschiedenen Teilbereiche des Neuromarketings zusammen an Erkenntnissen arbeiten, um Neuromarketing für die breite Masse erfolgreich anwendbar zu machen.[165]

Die im Abschnitt erwähnten Grenzen zeigen deutlich, dass Neuromarketing als funktionierendes Instrument für die Praxis noch am Anfang steht und Erfolge erst empirisch bewiesen werden müssen, bevor sie auf Marketing bezogen werden können. Erstaunlich ist jedoch, dass die Zahlen von Unternehmen, die Neuromarketing in ihr Dienstleitungsportfolio aufgenommen haben, rasant steigen. Peter Kenning warnt potenzielle Kunden vor utopischen Versprechungen von Institutionen, die durch Hirnscans einzigartige Ergebnisse versprechen. Diese Beteuerungen führen zu Missverständnissen und könnten das zukünftige Bild und die Akzeptanz von Neuromarketing als fundierte wissenschaftliche Disziplin verschlechtern.

---

[164] ebd.
[165] Vgl. Interview Häusel [2018], o.S..

# 6 Fazit und Zukunftsausblick

Die relativ junge Disziplin Neuromarketing hat mit dem Aufschwung des digitalen Zeitalters wesentlich an Bedeutung gewonnen. Obwohl es bereits einige Limitierungen dieser interdisziplinären Wissenschaft gibt, überwiegen jedoch die Chancen und Vorteile. Mit Ausarbeitung dieser Arbeit bin ich zu der Erkenntnis gekommen, dass sich Neuromarketing dem konventionellen digitalen als auch klassischen Marketingmethoden anschließen wird, und diese unterstützend fördern kann. Neuromarketing kann unternehmensseitig dazu beitragen digitale absatzorientierte Marketing- und Kommunikationsmaßnahmen zu optimieren. Dabei hilft es in erster Linie dabei, den Organismus Mensch zu verstehen, um daraufhin das Marketing gezielt ausrichten zu können. Somit kann dem zunehmenden Kommunikationsverdruss von bis zu 98% entgegen gewirkt werden. Dadurch bestätigt sich die Annahme, dass Neuromarketing dabei helfen kann die vermeidliche „Black-Box" des S-R Paradigmas zu erklären, was zu einer weiteren Fundierung des modernen S-O-R Paradigmas führt.

Darüber hinaus sind die Erkenntnisse des Neuromarketings in der Lage den Unternehmen bei der Digitalisierung zu helfen. Indem es Ihnen Erkenntnisse über die Bedürfnisse und Motive der heutigen Konsumenten liefert, kann durch Neuromarketing ein Weg vorgegeben werden, welcher konsequent auf eine Bedürfnisbefriedigung der Menschen ausgerichtet ist. Für Unternehmen wird es jedoch eine Herausforderung darstellen, da die Forschung mit Neuromarketing erheblichen finanziellen und zeitlichen Aufwand mit sich bringt. Letztendlich hängt es auch von der Größe des jeweiligen Unternehmen und dem angestrebten Umfang einer Studie ab, weswegen sich über den allgemeinen Nutzen von einer speziellen Neuromarketingstudie streiten lässt. Zur Anwendung von Neuromarketing zu Unternehmensabsichten, ist es nach Hans-Georg Häusel nicht sinnvoll eine Neuromarketingabteilung in ein Unternehmen jeglicher Art zu integrieren. Laut Häusel ist es wichtig Neuromarketing in Teile der Marktforschung (operativ) und Teile des Marketings zu integrieren.[166]

Unabhängig davon ist zu betrachten, dass nicht nur ein Unternehmensseitiger Vorteil besteht, da Konsumenten ebenso von zielgruppenspezifischem Marketing profitieren. Für Sie könnte es in Zukunft deutlich angenehmer werden, da Sie nicht mehr mit Informationen überschüttet werden. Im Gegenzug könnten Sie gezielt bei

---

[166] Vgl. Interview Häusel [2018], o.S.

Ihrer Customer Journey begleitet und mit den für Sie relevanten Informationen versorgt werden, wodurch sich die Haltung gegenüber Werbung von negativ zu positiv Wandeln könnte. Dies wäre allerdings ein großer, dennoch denkbarer Schritt in Richtung Zukunft.

Abbildung 13: Maßnahmen die zur Verbesserung der digitalen Kommunikation führen. (Quelle: Eigene Darstellung)

Abbildung 13 stellt abschließend nochmal einige wichtige Maßnahmen dar, die zu einer erfolgreichen digitalen Kommunikation beitragen können. Einige der Faktoren wie zum Beispiel „Emotional und multisensorisch kommunizieren" resultieren aus dem vorgestellten „Think limbic" Ansatz nach Häusel. Es ist wichtig zu beachten, dass nicht einzelne Faktoren eine erfolgreiche digitale Kommunikation ausmachen, sondern nur die Umsetzung mehrerer Maßnahmen langfristig zielführend ist. Neuromarketing unterstützt die dargestellten Faktoren insofern, dass es dazu beiträgt sich besser auf Wünsche und Bedürfnisse der Konsumenten auszurichten. Um dies zu gewährleisten, können Verfahren wie EEG, Eye-Tracking oder Emotional Coding, bisherige Marketing- und Marktforschungserkenntnisse als auch Modelle wie der „Think limbic" Ansatz Ihren Teil zu einem schlüssigen Gesamtkonzept beitragen.

Letztlich bleibt zu sagen, dass Neuromarketing eine einerseits skeptisch zu betrachtende und andererseits ein hoffnungstragende moderne Disziplin ist. Meiner Meinung nach sind die skeptischen Meinungen vieler Kritiker zu vernachlässigen, da diese sich meist auf den ursprünglichen Hype und die damit nicht befriedigten Erwartungen des Neuromarketings beziehen. Dass durch Neuromarketing ein Verbesserungspotenzial in digitaler sowie klassischer Marktforschung und Marketingaktivität besteht, haben einige Forscher bereits erkannt, weswegen das Neuromarketing auch in Zukunft nicht an Aufmerksamkeit verlieren wird. Modelle wie „Think limbic" werden sich weiterentwickeln und sich den Zeichen der Zeit anpassen. Mit voranschreitender Digitalisierung werden sich Forscher und Unternehmen weiterhin der Thematik annehmen und versuchen im Rahmen der digitalen Kommunikation erfolgreich mit Konsumenten zu interagieren.

# Literaturverzeichnis

Agentur junges Herz [2018]

Digitales Marketing: Definitionen, Maßnahmen, Ziele, verfügbar unter: https://www.agentur-jungesherz.de/hr-glossar/digitales-marketing-definition-massnahmen-und-ziele/ (28.06.2018)

Albrecht, R. [2018]

Psychografisches Targeting, so funktioniert Werbung heute, verfügbar unter: https://www.welt.de/wirtschaft/bilanz/article174451418/Psychografisches-Targeting-So-funktioniert-Werbung-heute.html (22.06.2018)

Ariely, D./Berns, G. [2010]

Neuromarketing: The Hope and Hype of Neuroimaging in Business, verfügbar unter: https://www.researchgate.net/publication/41669613_Neuromarketing_The_Hope_and_Hype_of_Neuroimaging_in_Business (29.06.2018)

Bauer, J. [2006]

Warum ich fühle, was du fühlst: Intuitive Kommunikation und das Geheimnis der Spiegelneurone. Heyne Verlag.

Bauer, J. [2015]

„Der Mensch ist die stärkste Droge" , verfügbar unter: http://www.taz.de/!5212570/ (27.06.18)

Bier & Wein Versand [2016]

Astra – Werbung – Das letzte Sixpack , Youtube, 16.05.2016,  verfügbar unter: https://www.youtube.com/watch?v=EkAmKRaQ5Gs (04.07.2018)

Briesemeister, B. [2013]

Interview mit Olivia Shepheard, verfügbar unter: http://discover-neuro.de/interview-mit-olivia-shepherd/ (24.06.2018)

CogniFit

Gehirnforschung, Kognitionswissenschaften und Neurologie, verfügbar unter: https://www.cognifit.com/de/wissenschafts (24.06.2018)

Corves, A. [2011]

Der Gesichtsversteher, verfügbar unter: https://www.dasgehirn.info/handeln/mimik-koerpersprache/der-gesichtsversteher?gclid=CjwKCAjw4PHZBRA-EiwAAas4Zgo5lVb1VTAaPfCIpF-BXBtVXt63eiEuO27vMVaoJlYATSIHcKGAeoxoCWcIQAvD_BwE (16.06.2018)

Diehl, S. [2011]

Neuromarketing – Eine kritische Bewertung der Praxisrelevanz., verfügbar unter: https://www.gmk-markenberatung.de/detail/neuromarketing (29.06.18)

Digital Sales

Verbale und non-verbale Kommunikation, verfügbar unter: https://www.digital-sales.de/verbale-nonverbale-kommunikation/ (22.06.2018)

djMICHI3000 [2008]

Becks Werbung, Youtube, 05.04.2008, verfügbar unter: https://www.youtube.com/watch?v=Al8iLqyi7Pk (04.07.2018)

Dooley, R. [2006]

What is neuromarketing?, verfügbar unter: https://www.neuroscience-marketing.com/blog/articles/what-is-neuromarketing.htm# (18.06.2018)

Eigner, A. [2013]

Wie funktioniert eigentlich Neuromarketing und wie gut?, verfügbar unter:http://ddmc-consulting.com/2013/12/14/euricore-erklart-wie-funktioniert-eigentlich-neuro-marketing-und-wie-gut/ (14.06.2018)

Euricore [2013]

Stimulus-Organismus-Response Paradigma, verfügbar unter: http://ddmc-consulting.com/2013/12/14/euricore-erklart-wie-funktioniert-eigentlich-neuro-marketing-und-wie-gut/ (15.06.2018)

Felser, G. [2015]

Werbe- und Konsumentenpsychologie. 4.Auflage. Springer-Verlag GmbH Berlin Heidelberg.

Fischer, M. [2015]

Die Entwicklung der Kommunikation der Menschen, verfügbar unter:
http://manuelfischer.eu/die-entwicklung-der-kommunikation-der-men-
schen/ (22.06.2018)

Fuchs, W. [2017]

Warum das Gehirn Geschichten liebt. Digital und Analog. 4. Auflage. Haufe
Verlag.

Goolge Inc. [2018]

Google Suchanfrage „Neuromarketing", verfügbar unter:
https://www.google.de/search?q=neuromarketing&oq=neuro-
markting+&aqs=chrome..69i57j69i60l3j69i65l2.2358j0j7&sourceid=chro
me&ie=UTF-8 (21.06.2018)

Grimm, R./Delfmann, P. [2017]

Digitale Kommunikation Sprache, Protokolle und Datenformate in offenen
Netzen, De Gruyter, Oldenburg.

Grosch, I. [2014]

Menschenbilder im Marketing, verfügbar unter: .
https://apgd.de/2014/02/17/apg-strategy-corner-menschenbilder-im-
marketing/ (29.06.18)

Gruppe Nymphenburg [2018]

Die Limbic ® Map, verfügbar unter: https://www.nymphenburg.de/lim-
bic-map.html (15.06.2018)

Gruppe Nymphenburg [2016]

Mischverhältnisse der 7 „Limbic Types", verfügbar unter:
https://www.nymphenburg.de/identitaetsorientierte-mar-
kenf%C3%BChrung-limbic.html (21.06.2018)

Haufe Verlag [2018]

Was ist Neuromarketing?, verfügbar unter: http://neuromarketing-wis-
sen.de/artikel/was-ist-neuromarketing (21.06.2018)

Häusel, H. [2011]

Fundierung Limbic Ansatz, verfügbar unter: https://www.haeu-
sel.com/wp-content/uploads/2016/03/wiss_fundierung_limbic_an-
satz.pdf (14.06.2018)

Häusel, H.-G. [2008]

Brain View. Warum Kunden kaufen. München, Haufe Verlag.

Häusel, H.-G. [2014]

Neuromarketing- Erkenntnisse der Hirnforschung für Markenführung, Werbung und Verkauf, 3.Auflage, Haufe Verlag.

Häusel, H.

Direkt ins Hirn?, verfügbar unter: http://www.absatzwirtschaft.de/direkt-ins-hirn-5869/ (29.06.18)

Häusel, H. [2007]

Neuromarketing, Erkenntnisse der Hirnforschung für Markenführung, Werbung und Verkauf, 1.Auflage, Haufe Verlag.

Häusel, H. [2012]

Neuromarketing. Erkenntnisse der Hirnforschung für Markenführung, Werbung und Verkauf. 2.Aufl. Freiburg. München.

Ibrahim, S. [2016]

Die Grundlagen der digitalen Kommunikation, verfügbar unter: https://sherinibrahim.de/die-grundlagen-der-digitalen-kommunikation/ (22.06.18)

Interview Häusel, H. [2018]

Interview mit Hans-Georg Häusel, verfügbar unter: Anhang

Joel, M. [2015]

Das menschliche Gehirn, verfügbar unter: https://prezi.com/muer6n8pkxgf/das-menschliche-gehirn-und-das-problem-der-drogensucht/ (16.06.2018)

KeenCommunication [2016]

Herausforderungen der online Kommunikation, verfügbar unter: https://keen-communication.com/herausforderungen-der-online-kommunikation/ (23.06.2018)

Kenning, P. [2014]

Consumer Neurosciene – Ein transdisziplinäres Lehrbuch. Stuttgart.

Kenning, P. [2014]

Das digitale Zeitalter fo(ö)rdert Markenführung über alle Sinne, verfügbar unter: https://www.gem-online.de/veranstaltungen/markendialog/markendialog14.php (29.06.2018)

Kern, F./ Felix Kern [2016]

Erklärvideo digitale Kommunikation – Animationsfilm, Youtube, 23.07.2016, verfügbar unter: https://www.youtube.com/watch?v=Gljtnng4cAA (22.06.2018)

Kilian, K. [2018]

Informationsüberlastung, verfügbar unter: http://www.absatzwirtschaft.de/markenlexikon/informationsueberlastung/ (16.06.2018)

Krämer, T. [2010]

Grundlagen und anatomischer Aufbau des limbischen Systems, verfügbar unter: https://www.dasgehirn.info/grundlagen/anatomie/das-limbische-system (30.06.2018)

Lindig, H. [2011]

Ausgewählte Aspekte der Neurowissenschaften und deren Einsatzmöglichkeiten im Marketing, verfügbar unter: https://www.kurt-paulus.de/pdf/Heft53Neuromarketingkomplett_A_com.pdf (16.06.2018)

Löhrke, S. [2005]

Bildgebende Verfahren, verfügbar unter: https://www.swr.de/odysso/bildgebende-verfahren/-/id=1046894/did=14855070/nid=1046894/mri2ig/index.html (21.06.2018)

Lernpsychologie

Aufbau des menschlichen Gehirns, verfügbar unter: http://www.lernpsychologie.net/gehirn/aufbau-des-gehirns (29.06.2018)

Mahler, P. [2016]

3 technologies helping neuromarketers change the world, verfügbar unter: https://imotions.com/blog/neuromarketing-technologies/ (18.06.2018)

makebetter [2014]

5 Erkenntnisse aus dem Neuromarketing, verfügbar unter: https://makebetter.de/5-erkenntnisse-aus-dem-neuromarketing (04.07.2018)

Marktforschung mit Neuromarketing
> Die Emotionssystem des „Think limbic" Modells, verfügbar unter:
> http://www.marktforschung-mit-neuromarketing.de/seite-24.html
> (15.06.18)

Measuring U [2016]
> Ergebnis eines Eye-tacking Versuches, verfügbar unter: https://measuringu.com/eye-tracking/ (14.06.2018)

Michigan Advanced Neurology Center
> EEG, verfügbar unter: http://drmridha.com/services/eeg (19.06.2018)

Neuronation
> Limbisches System – Prozesse unseres Gehirns, verfügbar unter:
> https://www.neuronation.de/gehirntraining/limbisches-system
> (30.06.2018)

NiklasGT [2010]
> Neue Krombacher Werbung, Youtube, 12.09.2010,  verfügbar unter:
> https://www.youtube.com/watch?v=ZadhfMiFHa0 (04.07.2018)

Nonnenmacher [2016]
> Das Limbische System, verfügbar unter: http://symptomat.de/Limbisches_System (30.06.2018)

OnlinePc [2016]
> Digitale Kommunikation, Chancen und Risiken der Entwicklung, verfügbar unter: https://www.onlinepc.ch/online-pc-magazin/software/digitale-kommunikation-gegenwart-chancen-risiken-entwicklungen-1143235.html (22.06.2018)

Onmeda [2014]
> Gehirn: Aufbau und Funktion, verfügbar unter: https://www.onmeda.de/anatomie/gehirn_anatomie.html (29.06.2018)

Osterath, B. [2011]
> Die Amygdala, verfügbar unter: https://www.dasgehirn.info/grundlagen/anatomie/die-amygdala?gclid=CjwKCAjw4PHZBRA-EiwAAas4Zt_Kom3OAfJKDaC9urfxKK9RmxfiXM7-89VWfKa3D17fghAMoEpY-BoC9OwQAvD_BwE (30.06.2018)

Pesch, J. [2010]
> Marketing. UTB bascis, 2.Auflage.

Pispers, R. , Dabrowski, J. [2012]

Neuromarketing im Internet- Von der Website zum interaktiven Kaufer-
lebnis, 2. Auflage, Haufe Verlag, Freiburg.

Pispers, R. , Dabrowski, J. [2011]

Neuromarketing im Internet- Von der Website zum interaktiven Kaufer-
lebnis, 1. Auflage, Haufe Verlag, Freiburg.

Pispers, R./Dabrowski, J./Fischer, B. [2018]

Gehirngerechtes Kundenerlebnis in der digitalen Welt, 3. Auflage, Haufe
Verlag, Freiburg.

Posttraumatische Belastungsstörung [2018]

Trauma, was im Gehirn passiert, verfügbar unter: http://posttraumati-
sche-belastungsstoerung.com/trauma-was-im-gehirn-passiert
(30.06.2018)

Püschel, S. [2016]

Neuromarketing in der digitalen Kommunikation, verfügbar unter:
https://www.massiveart.com/blog/neuromarketing-in-der-digitalen-
kommunikation (22.06.2018)

Raab, G./Gernsheimer, O./Schindler, M. [2009]

Neuromarketing, Grundlagen-Erkenntnisse-Anwendungen, Springer Verlag 2.Auflage 2009.

Reimann et. al [2011]

Functional Magnetic Resonance Imaging in Consumer Research: A Review
and Application, verfügbar unter: http://www.oliverschilke.com/up-
load/pdf/Reimann_Schilke_Weber_Neuhaus_Zaichkowsky._Func-
tional_Magnetic_Resonance_Imaging_in_Consumer_Research_-_A_Re-
view_and_Application.pdf (21.06.2018)

Repetico [2017]

Arbeitspsychologie 1: S-R und S-O-R Modell, verfügbar unter:
https://www.repetico.de/karte-57474193 (22.06.2018)

Roth, G. [2008]

Homo Neurobiologicus ein neues Menschenbild?, verfügbar unter:
http://www.bpb.de/apuz/30879/homo-neurobiologicus-ein-neues-men-
schenbild?p=all (30.06.2018)

Sander, U./von Gross, F./Hugger, K. [2008]
Handbuch Medienpädagogik, Erste Auflage, Springer Verlag.

Scheier, C./Held, D. [2012]
Wie Werbung wirkt. 2.Aufl. Freiburg. München.

Scheier, C./ Held, D. [2009]
Was Marken erfolgreich macht. Neuropsychologie in der Markenführung, 2.Aufl., München.

Schiller, S. [2015]
Phänomen Bannerblindheit, verfügbar unter: http://www.charismo-marketing.de/phaenomen-bannerblindheit.html (29.06.2018)

Scholz, H. [2016]
Das Smartphone als ständiger entertainment Begleiter, verfügbar unter: https://www.mobile-zeitgeist.com/das-smartphone-als-staendiger-entertainment-begleiter/?cookie-state-change=1529669236524 (22.06.2018)

Schüller, A.
Kommunikation im Wandel: digitaler – und zugleich menschlicher und emotionaler, verfügbar unter: http://www.perspektive-blau.de/artikel/1605a/1605a.htm (22.06.18)

Schwenkenbecher, J. [2015]
Online Reklame – Wenn Werbung nicht mehr wirkt, verfügbar unter: http://www.faz.net/aktuell/wissen/leben-gene/online-reklame-wenn-werbung-nicht-mehr-wirkt-13850094-p2.html (22.06.2018)

Security Through Education [2011]
Facial Coding „happiness", verfügbar unter: https://www.social-engineer.org/framework/psychological-principles/microexpressions/ (19.06.2018)

Sozialterrorist [2011]
Definition der digitalen Kommunikation, verfügbar unter: http://sozialterrorist.blogspot.com/2011/11/digitale-kommunikation-definition-und.html (22.06.2018)

Stelzer, F. [2010]
Die Zukunft des Neuromarketing, Hype oder Hoffnung, verfügbar unter: https://www.gruenderszene.de/allgemein/die-zukunft-des-neuromarketing-hype-oder-hoffnung (21.06.2018)

Ströer

Schematisch dargestelltes Verhalten des Piloten und Autopiloten, verfügbar unter: https://www.stroeer.de/magazin/werbewirkung.html (20.06.2018)

Textbroker

Storytelling: Kurzerklärung, verfügbar unter: https://www.textbroker.de/storytelling (28.06.2018)

ThinkNeuro [2011]

Messmethoden des Neuromarketins, verfügbar unter: http://www.thinkneuro.de/2011/01/19/die-messmethoden-des-neuromarketings/ (18.06.2018)

Trends der Zukunft [2010]

Eye-tracking, verfügbar unter: https://www.trendsderzukunft.de/top-20-eytracking-und-usability-tipps-fuer-webseiten/ (19.06.2018)

TVWerbung [2009]

Radeberger Werbung – Mai 2009, Youtube, 09.05.2009,  verfügbar unter: https://www.youtube.com/watch?v=YJfxGzucbjE (04.07.2018)

TWT [2012]

Überzeugendes Design, Erkenntnisse aus dem Neuromarketing einsetzen, verfügbar unter: https://www.twt.de/news/detail/ueberzeugendes-design-erkenntnisse-aus-dem-neuromarketing-einsetzen.html (04.07.2018)

Usability [2017]

Eye tracking, verfügbar unter: https://www.usability.de/leistungen/ux-testing-nutzerforschung/eyetracking.html (18.06.2018)

Von Kaiz, K. [2018]

Digitale Veränderungen im Unternehmen brauchen effiziente und durchgängige Unternehmenskommunikation, verfügbar unter: https://blog.tci-partners.com/digitale-veraenderungen-im-unternehmen-brauchen-effizi-ente-und-durchgaengige-unternehmenskommunikation/ (23.06.2018)

Watzlawik

Die 5 Axiome von Paul Watzlawik, verfügbar unter: https://www.paul-watzlawick.de/axiome.html (22.06.18)

Weindl, D. [2016]

Herausforderung Digitalisierung: Worin die Chance der Marke liegt, verfügbar unter: https://www.marconomy.de/marke/articles/538064/ (03.07.2018)

Weis, H. [2012]

Marketing. 16. Auflage. Kiehl Verlag. 9.November 2012.

Wissenschaftliche Fundierung des Limbic ® Ansatzes

Der Emotions- und Werteraum des Stimulanz-, Dominanz-, und Balance-Systems, verfügbar unter: https://vertriebszeitung.de/limbic-mehr-umsatz-durch-emotional-selling-2/ (21.06.2018)

Ziegler, A. [2015]

Limbic-Ansatz: Kunden emotional gewinnen,verfügbar unter: https://www.estrategy-magazin.de/2015/limbic-ansatz-kunden-emotional-gewinnen.html (29.06.2018)

## Anhang

**Fragen für das Experteninterview mit Hans-Georg Häusel:**

**Wie beschreiben Sie Neuromarketing in Ihren eigenen Worten?**

Neuromarketing ist die marketingorientierte Nutzung operativer Methoden in Verbindung mit Erkenntnissen der Hirnforschung. Neuromarketing findet Anwendung im Marketing und der Marktforschung.

Ganz pragmatisch formuliert, beschäftigt sich Neuromarketing damit, wie Wahl- und Kaufentscheidungen im menschlichen Gehirn ablaufen, und ganz wichtig für die Werbung: Wie man sie beeinflussen kann. Gesucht wird also nach einem „Kauf Button".

**Digitale Kommunikation und Neuromarketing. Wie steht das für Sie im Zusammenhang?**

"Altes Gehirn, neue Welt". Das menschliche Gehirn hat sich in seinen Strukturen im Gegensatz zu den Medien im Laufe der Zeit nicht verändert. Durch die Digitalisierung haben sich Medien sehr stark verändert, die heutige Kommunikation findet zu mehr als 50% digital statt. Die Akzeptanz von Medien entscheidet sich im Gehirn. Wenn ich digital erfolgreich sein möchte, ist es wichtig zu wissen was das das Gehirn macht und wie man es am besten anspricht. Wie die "digitale Welt" das Gehirn beeinflussen kann ist noch nicht ausreichend untersucht. Untersuchungen sind digital Maßnahmen angewandt komplexer. Die Wirkung einer Webseite kann zum Beispiel mit Eye tracking, EEG, Facial Coding gemessen und bewertet werden. Komplexe Interaktionen wie z.b whatsapp ist dagegen  schwierig zu messen, da diese Form der Kommunikation privater und komplexer ist. Dabei geht es meist mehr um Kommunikation der Individuen wobei sie sich sicher fühlen wollen und nicht gestört werden möchten. Mit dem „Think limbic" Modell ist es mir gelungen Teildisziplinen des Neuromarketings unter einem „Dach" zu fassen. Gerüche, Haptik und Geschmäcke lassen sich nicht digital darstellen, wodurch es sehr wichtig ist den Konsument mit den Mitteln die in der digitalen Kommunikation zu Verfügung stehen von einem Produkt oder einer Dienstleistung zu überzeugen. Um dies zu bewerkstelligen ist es wichtig die Produkte und Dienstleistungen mit Emotionen aufzuladen und gezielt bestimmte Konsumentengruppen anzusprechen.

**Ist die Methodik der Hirnforschung von Nöten um Neuromarketing zu betreiben?**

Um Neuromarketing zu "betreiben" sind grundlegende Verfahren der Hirnforschung relevant, spielen allerdings in der Praxis keine große Rolle. Sie sind eher schwierig auf konkrete Kommunikationsmaßnahmen anzuwenden. Vieles nicht relevant da A zu teuer und B zu aufwändig. Kosten und Nutzen stehen dabei meist in keinem Verhältnis.

EEG kombiniert mit anderen Verfahren (Gesichtsmuskulatur etc.) wäre eine eher denkbare Methode um Daten zu erheben.

**Wo sehen Sie Chancen des Neuromarketings für Unternehmen?**

Chancen gibt es viele. Angefangen damit, dass man den Konsument allgemein besser ansprechen kann. Das ist das übergeordnete Ziel. Daraus resultierend können Produkte besser vermarkten und verkauft werden, da Marketingmaßnahmen besser auf die jeweilige Zielgruppe zugeschrieben werden können. Qualität der Werbung wird sich nochmal weiterentwickeln. Die Quantität der digitalen Kommunikationsmöglichkeiten wird vorerst weiter zunehmen, woraus jedoch im Endeffekt jedoch nur wenige Kanäle halten können. Es ist eine Frage der Zeit bis die Relevanz der Qualität eine größere Rolle spielt und dies wird dann die Zeit sein, wo sich Unternehmen umschauen werden um herauszufinden, wie Sie Konsumenten effizienter bewerben können. Bis zu diesem Zeitpunkt werden noch 2-3 Jahr vergehen.

**Was steht dem Durchbruch des Neuromarketings im Wege? Denken Sie, dass viele Unternehmen mit Erkenntnissen des Neuromarketings arbeiten und diese Erkenntnisse in Ihre Strategien einbetten?**

Im Moment ist die Begeisterung an verschiedenen Kommunikationsmöglichkeiten zu groß. Es ist noch nicht das Stadium der Digitalisierung erreicht wo Qualität die größere Rolle spielt. Facebook Manager zum Beispiel zeigt bereits wie eine verbesserte Art der Werbeschaltung aussehen könnte. Wenn "Hype" Abklingt wird das Thema interessanter. Wenn die Möglichkeiten verschiedener Methoden ausgehen dann wird man sich auf qualität stützen.

Bisher gibt es nicht viele Unternehmen die Neuromarketing aktiv in Ihre Marketingabteilung einbinden. Es gibt ein paar die es bereits ausprobieren und hier und da mit allgemein bekannten Erkenntnissen arbeiten, wie z.B. Booking.com. Sie setzen den Konsument mit hilfe von auslaufenden Angeboten, sowie der angeblich starken Konkurrenz "9 weitere schauen sich grade dieses Angebot an, nur noch 2 Zeiträume verfügbar!" unter Druck. Enorme Kosten und hoher zeitliche Aufwand sind ebenfalls Faktoren die das Wachstum von Neuromarketing hemmen. Zudem fehlt oftmals ein Zusammenhang der verschiedenen Teildisziplinen, weswegen Experten der verschiedenen Bereiche besser zusammenarbeiten müssten.

**Wäre eine Neuromarketingabteilung in einem Unternehmen sinnvoll?**

Nein. Neuromarketing sollte im Marketing eingebettet werden, praxisorientiert wo entsprechende Untersuchungen und Konzepte anwendung finden. Im Marketing sollten eher die Erkenntnisse eingesetzt werden und in der Marktforschung die operativen Methoden.

**Ist es sinnvoll selbst Neuromarketing zu betreiben oder reicht es aus sich allgemein bekannten Erkenntnissen zu bedienen?**

Kommt ganz auf die Größe des Unternehmens an. Bei einem Konzern wie zum Beispiel Mercedes lohnt sich vielleicht schon. Hängt von Budget und den Zielen einer Kampagne ab. Wieviel stecke Ich rein? Was möchte Ich erreichen? Ansonsten eher in Marketing- und Marktforschungsabteilung einbetten, da dort auch direkt mit den Erkenntnissen gearbeitet wird.

**Was ist für Sie der maßgebende Faktor, dass ein Kunde kauft?**

Hirnforschung sagt viel dazu: 1. Aufmerksamkeit. Wie entsteht diese im Gehirn? Digital als auch analog. Wie kann ich die Aufmersamkeit erhöhen und den Konsument besser ansprechen? 2. Ästhetik → Anordnung kognitiver load, emotional load, limbic load. Werbung auf denen Menschen bei z.B. der Nutzung des Produkts zu sehen sind. Sind meine Produkte für den Konsumenten ansprechende gestaltet? 3. Usability → Wie positioniere Ich z.B. Bilder oder Motive um Gute Usability zu schaffen? Was muss ich wie anordnen damit sich Konsument gut zurecht findet? z.B. iOS Betriebssystem ist selbsterklärend und einfach auf die "Basics" mit Symbolen beschränkt. Es werden nicht zu viele Wahlmöglichkeiten geboten. 4. Content/Storytelling → wie präsentiere ich meine Produkte oder meine Marke. Wie kann ich den Kunde auf die "Reise" mitnehmen? Guter Content und gutes Storytelling ist absolut wichtig, besonders bei Neukunden.

5. nach Zielgruppen segmentieren→ Alle unterschiedliche Voraussetzung z.b. demographische Merkmale wie Alter, Geschlecht etc. Dies zum Beispiel in Form von Personas bewerkstelligen. Ist meine Website für die Persona XY geeignet/nicht geeignet? Simulation mit hilfe von Personas um je nach Produkt möglichst viele Konsumenten einer Zielgruppe anzusprechen. Lässt sich auf alles anwenden.

**Was sind Ihrer Meinung nach die am besten funktionierenden Tricks zur Manipulation des Konsumenten? Nennen Sie Beispiele aus der Realität.**

Generell sind es viele ältere Erkenntnisse/Tricks die ins digitale übertragen worden sind. Z.B. Booking.com "5 personen schauen zur zeit", den Konsumenten dadurch unter Druck setzen. Ihn dazu drängen zu buchen. Gehirn wird vor eine Entscheidung gestellt. Produktbundles sind eine weitere Methode um Preise attraktiv zu machen und Kunden das Gefühl zu geben viel Geld zu sparen wenn er im Endeffekt doch mehr kauft als er ursprünglich wollte. Auf Persönlichkeiten eingehen um Verhalten vorher zu bestimmen. Wahlmögl. abwägen. Je nach Persönlichkeit diese Produkte etc anbieten. Werbung muss relevant sein und bleiben.

**Was denken Sie, wie sich Neuromarketing in den nächsten Jahren entwickeln wird?**

Neuromarketing wird weiterhin Thema bleiben. Es wird hier und dort weiterhin untersucht und man wird sich ebenso weiterhin kritisch damit auseinandersetzen. Es ist eine Frage der Zeit, bis sich Erkenntnisse durchsetzen werden und Unternehmen verstehen, dass es nicht zielführend ist Konsumenten auf viele verschiedene Art und Weisen anzusprechen, sondern dies gezielt und mit bedacht zu tun. Der heutige Konsument wird sich weiterhin gegenüber Werbung sensibilisieren und damit wird es auch in Zukunft schwierig Ihn mit einer Werbemaßnahme anzusprechen. Ich denke, dass die Quantität der Kommunikationsmaßnahmen in den kommenden 2 Jahren abnehmen wird und sich wenige, dafür qualitativ hochwertige Kommunikationsmöglichkeiten wie zum Beispiel Instagram halten werden. Der Zukunft von Bannerwerbung etc. sehe ich mit gemischten Gefühlen entgegen, da genau solch eine Werbeform, auch wenn Sie sehr weit verbreitet ist, den Konsument sehr stark zu einer abgestumpften Haltung gegenüber Werbung veranlasst.